comment je suis devenue flic

Collection animée par Soazig Le Bail.

ISBN 978-2-84420-881-1

Loi n° 49-956 du 16 juillet 1949 sur les publications destinées à la jeunesse
Maquette : Bärbel Müllbacher

comment je suis devenue flic

Anne et Marine Rambach

Roman

Illustration de couverture
de Anne Bordenave

EDITIONS
THIERRY
MAGNIER

Anne et Marine Rambach sont écrivains et scénaristes de télévision. Elles écrivent à la fois des essais sur des questions de société (*Les Intellos précaires*, Fayard) et, pour Anne, des romans policiers (*Trilogie de Tokyo*, Calmann Lévy).

Pour en savoir plus
www.anneetmarinerambach.fr

C'était il y a six mois. L'anniversaire de mes quinze ans. Rue Rosa-Luxembourg, un salon de thé spécialisé dans les gâteaux américains venait d'ouvrir : le Muffin Palace. Évidemment j'avais une fête prévue avec les copains, mais j'avais également obtenu de ma mère une invitation pour découvrir cet antre de la gourmandise – ça n'avait pas été trop difficile, la tentation était aussi intense pour elle.

Papa ne vint pas avec nous. Il bossait à l'hôpital – il est infirmier – mais nous ne le regrettions pas trop : ses questions sur la qualité biologique des farines ou sur la présence du prion de la vache folle dans la gélatine auraient donné un goût de cendre aux plus divines recettes. Nous attendîmes donc le samedi après-midi pour y aller toutes les deux.

Sur le chemin, je remarquai tout de suite la voiture garée au coin de la rue Auguste-Blanqui, avec le conducteur et son passager. Pendant quelques secondes, je me sentis aspirée dans *Un prophète* de Jacques Audiard ou un *Mesrine* de Jean-François Richet. Ça sentait la poudre, le caoutchouc brûlé et le sang. J'avais déjà dans l'oreille le son des détonations.

Bien sûr, c'était juste une impression, un film que je me faisais, ce qui m'arrive assez souvent.

Mais tout de même je détaillai les occupants de la voiture, par curiosité, parce que je ne savais pas exactement ce qui avait déclenché en moi cette poussée d'imagination, ensuite parce que je m'entraîne depuis des mois à mémoriser l'apparence des gens pour anticiper ma formation de policière – j'ai quinze ans et je sais quelle est ma vocation. Encore ignorais-je que je devrais effectivement donner le signalement précis des « individus » quelques heures plus tard.

Le conducteur avait une trentaine d'années. Il était blond, les yeux gris, un mètre quatre-vingts autant que sa position assise derrière le volant permettait d'en juger. Peau très pâle. Nez droit. Lèvres assez charnues. Menton saillant et mâchoires larges. Épaules imposantes. Il portait un pull en laine polaire kaki. Il avait le regard concentré et décidé.

Son voisin était très différent. Il mesurait dix centimètres de moins. Il devait aussi lui rendre trente kilos. Maigre, voire malingre. Peau mate, cheveux crépus implantés en pointe sur un front très dégagé. Yeux marron avec des rides, ces rides que les sourires laissent au coin des yeux. Malgré sa maigreur, il avait les joues rondes, à la marocaine. Ce qui me frappa, ce fut son air tendu, follement stressé. Il n'avait pas l'air déterminé de son voisin. Et puis, surtout, je remarquai un détail qui pour moi avait une signification forte, et qui avait déclenché mon alarme ; il portait une chaîne en or autour du cou, où étaient accrochés trois pendentifs : une croix, un coran et une mezouzah. Je pensai tout de suite à mon ami Abdel. Un homme qui a besoin de rassembler trois religions sur une seule chaîne est quelqu'un qui a des soucis. Et puis, un homme qui porte un faux survêtement Adidas, avec deux bandes au lieu de trois, ne roule pas en Laguna. Or les deux acolytes étaient installés dans une Laguna gris métallisé.

Voilà les quelques indices qui avaient réveillé le Sherlock qui sommeille en moi. Ou plutôt l'insatiable rêveuse qui sommeille en moi et qui s'invente sans cesse de nouvelles aventures. Car, en réalité, j'avais bien peu d'éléments pour justifier cette plongée soudaine dans la fantasmagorie des gangsters.

Je tentai de me raisonner. Mon estomac soutenait mes efforts : « Tu vas au Muffin Palace, disait-il. Tu n'es pas là pour t'inquiéter de ce qui arrivera, dans ton délire, à la banque voisine. » Oui, mon estomac est plus réaliste que mon cerveau, et, je le crains, aussi puissant. Je m'en allai donc, légère, insouciante, vers ma première fusillade.

Le Muffin Palace est l'endroit du monde le plus beau, le plus inspirant, le plus spirituel. Il n'existe aucun lieu où les muffins sont plus gros ni plus décorés. Il faut voir ce temple implanté au milieu des soldeurs de bassines et des épiceries d'où s'échappent des odeurs de muscade et de coriandre. Le décorateur n'a pas lésiné sur les moyens : une grande salle carrelée de bleu et de rose, des chaises, des tabourets et des tables chromés, et, partout, des affiches, des photos, des statues renvoyant aux heures de gloire de la comédie musicale américaine. Un Gene Kelly grandeur nature en résine danse avec son parapluie ; une Cyd Charisse en relief sur le mur étend une jambe nue et provocante au-dessus des têtes ; sur une affiche de *Royal Wedding*, Fred Astaire, en smoking, valse avec Jane Powell.

Quand maman et moi poussâmes la porte, Judy Garland chantait de sa voix entraînante, accompagnée par une cloche joyeuse : « *Clang, clang, clang, went the trolley, ding, ding, ding, went the bell* » et en entendant cette chanson, et en pensant aux gâteaux, je me sentis au paradis.

Certes, ça n'allait pas durer.

L'extase s'empara de moi quand j'approchai les vitrines réfrigérées remplies de muffins plus gros que le poing de King Kong, les uns pistache-cerise, verts, gonflés de fruits opulents, les autres banane-fraise, couverts d'un glaçage jaune parsemé de fraises acidulées, des chocolat blanc surmontés d'un sommet himalayen de neige crémeuse, des citron-noisette constellés d'étoiles en sucre sur lesquelles surfe un écureuil en pâte d'amande. Autant dire que Billy The Kid pouvait siphonner la Banque de France, ça n'allait pas décoller mon âme de mes papilles.

Je choisis un muffin chocolat et marshmallow dont le dessus était décoré d'une Cadillac en guimauve. Maman, plus raisonnablement, se contenta d'un muffin orange avec ses billes de sucre. Elle en profita pour échanger quelques mots avec la serveuse indienne, Kirti, dont elle avait aidé la famille. Puis nous rejoignîmes notre table avec notre plateau où s'étaient ajoutés deux verres de lait – l'accompagnement le plus judicieux pour une dégustation de muffins.

Les notes flûtées du piano (oui, c'est possible), rattrapées par les trompettes et les saxos de *Cheatin' On Me* nous caressaient les oreilles. Nous dégustâmes en silence.

Pourtant les deux occupants de la Laguna n'avaient pas tout à fait quitté mon esprit. Je repensais à la chaîne autour du cou du passager, et, par association, je songeais à Adbel.

Abdel me fait penser à l'homme Gillette. Celui qui se rase avec le rasoir à quatre lames. Grand, fort, l'œil brillant, l'air solide, le mec qui inspire confiance. Eh bien, Abdel, c'est l'inverse. Comment j'ai pu me retrouver en contact avec un tel individu, un abonné des cellules de dégrisement, un suspect habituel des délits de catégorie Z ? À cause de maman.

Ma mère…

J'ai quinze ans, tout le monde me dit qu'il est temps que je la harcèle, que je l'insulte, que je la trouve nulle, que je conteste son autorité, que je méprise sa manière de penser, de vivre, de s'habiller. Je fais des efforts, mais je n'y arrive pas. Lola, ma meilleure copine – elle est hyper patiente avec moi –, me dit : « T'as qu'à la détester parce qu'elle est parfaite ! Tu pourrais lui reprocher de t'écraser, de t'étouffer avec sa perfection ! » Oui, je pourrais essayer. J'ai essayé ! Mais j'ai échoué.

Maman a trente-neuf ans, elle est rousse avec des cheveux longs un peu bouclés, elle a des taches de rousseur. Elle mesure un mètre soixante et onze. Elle pèse cinquante-sept kilos en été, et cinquante-neuf en hiver. Elle aime les robes en laine, les chaussures à talons hauts mais larges, et les grands colliers. Elle n'a pas de montre. À chaque fois qu'elle a essayé d'en porter, elle a fini par la perdre. Elle aime que tout soit propre, mais pas forcément rangé. Elle lit *Elle* et *Le Canard enchaîné*, elle adore les comédies. Elle adore rire.

Maman est bibliothécaire. Mais, comme elle dit : « J'ai deux boulots, un qui est payé, l'autre qui ne rapporte rien mais qui prend autant de temps. » Elle appartient à une association qui aide les étrangers en situation irrégulière à obtenir une carte de séjour. C'est ainsi qu'Abdel est entré dans notre vie : il était clandestin, il voulait rester. Quant au travail…

Dans une maison normale, on dit : « Bonjour ! Comment allez-vous ? Et les enfants ? » Dans notre maison, on dit : « Bonjour ! Comment allez-vous ? Et les enfants ? Quelles nouvelles de la préfecture ? » La préfecture délivre les cartes de séjour. Les papiers. Chez nous, on ne parle que de papiers : « J'ai eu mon passeport, maintenant je peux aller demander les papiers à la préfecture », « Ils m'ont donné une carte de trois mois », « J'ai plus de papiers, ils m'ont adressé un arrêté de reconduite à la frontière ». Beaucoup de gens passent à la maison pour les papiers. Pour les avoir, pour dire merci parce qu'ils les ont eus, parce que leur cousin Bidule en a besoin aussi. Maman pose du gâteau sur la table basse, fait du thé, ou du café, ou du vin chaud, et c'est parti : « Patati les papiers, patata les papiers… » On dirait une secte de maniaques. Des adorateurs du papier.

D'où Abdel, donc.

Il est apparu dans notre vie, il y a neuf ans. J'avais six ans. Je ne me rappelle pas vraiment les circonstances, il a fallu que je demande à ma mère de me raconter.

Un jour, maman tenait la permanence de l'association. Un type se pointe.

Elle fronce les sourcis : il est un peu plus petit qu'elle, maigre, quasi chauve, il a un grand nez, et les dents, c'est pas ça. Il n'est pas beau, mais ça pourrait être pire : il a de jolis yeux, et il sourit très souvent, ce qui creuse deux fossettes dans ses joues. Il explique à ma mère qu'il s'appelle Abdellack Zenati. Il est algérien. Il vit en France depuis cinq ans sans permis. Il est SDF. Il a fait de la prison.

Ça commence fort. « Les papiers, ça ne va pas être facile », lui dit ma mère. Et elle a raison. Pendant des années et des années, elle porta le dossier administratif d'Abdel.

Enfant, je trouvais une grande qualité à ce visiteur : bien qu'à certaines périodes il passait chez nous au moins une fois par semaine, je pense ne jamais l'avoir vu venir à la maison sans un cadeau. Ils étaient plus ou moins gros, plus ou moins adaptés, plus ou moins neufs. La plupart du temps ils étaient pour moi, « la princesse ». Je crois qu'il m'a toujours appelée « Princesse ». Il me faisait des compliments pour mes cheveux blonds. Il aimait m'embrasser. Sans doute avait-il assez peu d'occasions d'embrasser un enfant.

Souvent ma mère levait les yeux au ciel. Il ramenait des jouets qu'il avait trouvés sur les trottoirs. Certains devaient passer très vite à la machine à laver. À 90 degrés. D'autres auraient mérité un coup de Kärcher. Mais, dans le tas, il y a eu des jouets avec lesquels j'ai joué des années : la voiture Barbie, un piano électrique, un lecteur de CD en forme d'escargot, un jeu de petits chevaux avec lequel nous avons fait des centaines de parties.

Dans les périodes de disette les plus dures que je lui ai connues, quand il ne pouvait pas même acheter une sucette ou une barre de chocolat, il apportait des trucs qu'on lui avait donnés pour manger dans les diverses cantines qu'il fréquentait. Des brioches à la confiture, du pain d'épice, des biscuits que maman prenait avec beaucoup de mercis, mais que papa jetait à la poubelle dès qu'Abdel avait passé la porte. « C'est pas du pain d'épice, c'est des éponges au sirop de glucose ! » Avec le nucléaire, le sirop de glucose est le plus grand ennemi de mon père.

Je me disais qu'en fait les Algériens étaient comme les Japonais : ils ne venaient jamais les mains vides.

Et un jour Abdel me donna une main de Fatma.

Pour ceux qui passent tout leur temps à regarder *Gossip Girl*, comme mon amie Lola (bon, comme moi aussi), une main de Fatma, c'est ce bijou doré en forme de main que portent les musulmans pour attirer la chance. Abdel est musulman, ou à peu près. Les hautes autorités de l'islam, où qu'elles se nichent, ne doivent pas voir en Abdel un musulman modèle. Il fume des cigarettes, du shit, il boit, il fait ramadan vaguement, je ne parle même pas du reste. Il ne prie quasiment jamais et ne va à la mosquée que si c'est l'occasion de dégoter quelque chose. Et puis, question théologie, c'est carrément la grande braderie.

Quand on voit Abdel, on remarque son physique, sa carcasse. Mais il y a l'habillage aussi… Et le son ! Bling-bling, ça fait, quand il marche. Parce que, autour de son cou, accroché à une grosse chaîne plaquée or, est représenté tout ce qui existe comme religions sur la planète. Pêle-mêle, une croix, une médaille de Lourdes, un œil grec et un œil d'Osiris, une main de Fatma, une étoile de David, et d'autres choses que je ne saurais même pas nommer. Souvent la Sainte Vierge a le nez collé à la trompe de Ganesh, le dieu-éléphant.

Moi, ça m'a toujours fait marrer. Quand on en rit, il rit aussi, mais je sens qu'il le fait avec réticence. Pour lui, la superstition, c'est sérieux. La religion, on peut discuter. Mais attirer la chance !

Attirer la chance !

À six ans, je ne comprenais pas à quoi était exposé Abdel, tous ces gris-gris me paraissaient grotesques. Je vois maintenant les choses autrement. Abdel a frôlé la tombe plusieurs fois et dans la rue tout peut arriver. Shiva et Athéna ne sont pas de trop pour monter la garde. Un jour, il m'a donné la main de Fatma. Je voyais à la cicatrice qu'il avait sur le front que la mort lui reniflait les os plus souvent qu'à d'autres. Je suis allée dans ma chambre, j'avais une figurine d'Iron Man avec laquelle je ne jouais plus et je la lui ai donnée pour qu'elle le protège aussi. Je ne porte jamais la main de Fatma mais Abdel ne se déplace pas sans mon Iron Man. Un talisman de plus pour éloigner la guigne.

C'est pourquoi la chaîne du petit homme de la voiture avait retenu mon attention. Le « Marocain » avait besoin d'attirer la chance. Autant dire qu'il n'en avait pas. Et l'expression qu'il arborait disait qu'il n'était pas particulièrement à la fête ce jour-là. Que préparait-il ? Quel rôle jouait le type baraqué à côté de lui ?

Justement, à travers la baie vitrée, je vis la Laguna rouler au pas le long du trottoir. Vraiment, je crus, quand la vitre se baissa, qu'une rafale de mitraillette allait nous balayer – alors que j'avais encore sur la langue une bouchée de ce délicieux muffin fourré d'un moelleux morceau de marshmallow. Mais non. Le conducteur blond se contenta de plonger le regard dans la salle du Palace. Puis il nous dépassa, mit son clignotant et tourna à gauche comme s'il comptait faire le tour du pâté de maisons. Je fus certaine qu'il reviendrait se garer au coin, là où il se trouvait plus tôt. Il avait fait un tour de repérage. Qu'allait-il faire au prochain ?

Alors que la Laguna disparaissait, je suivis des yeux la direction que les iris du conducteur avaient indiquée. C'était celle d'un homme attablé à quelques mètres de nous. Trois muffins super size étaient posés sur son plateau. Il engloutissait le quatrième. Sans compter un milk-shake à la fraise. Il faut dire que le bonhomme avait une stature à l'avenant. Je détaillai le client – mais la police n'eut pas besoin de sa description, plus tard, puisqu'elle avait son cadavre.

Cependant à cet instant, il était encore vivant. Bon vivant, même. Il avait une cinquantaine d'années. Blanc, autrement dit caucasien, yeux gris, crâne rasé pour amoindrir la calvitie, du moins selon mon avis. Un mètre soixante-quinze pour… cent vingt kilos, je pense. Enfin non, j'étais incapable de le dire vraiment. Il était gros, voilà. Mais gros avec contentement. Il souriait en mangeant, il profitait. Tant mieux. C'était son dernier repas. S'il l'avait su, peut-être n'aurait-il rien changé à sa commande. Peut-être commandait-il toujours ce qu'il aurait voulu comme dernier repas, ce qui d'un point de vue philosophique n'était pas absurde. La suite lui donna d'ailleurs raison. Et puis, je remarquai qu'il marquait de son doigt épais, par un tapotement en cadence sur la table, le rythme de la musique : *That's Entertainment.* Lui aussi aimait les comédies musicales. Comme papa. Mon père adore les comédies musicales. C'est grâce à lui que je connais par cœur *Stormy Weather* ou *A Star is Born.* La ressemblance s'arrête sans doute là ; mon père n'est pas un parrain de la mafia russe.

Je ne crois pas qu'on puisse établir des certitudes à partir de l'analyse d'un regard – celui du mystérieux conducteur à l'intérieur du Palace. Cependant je commençais à croire à mon film. Ce n'était jamais qu'un faible faisceau d'indices, l'interprétation de petits événements intrigants. Pourtant ils s'accumulaient. J'avais toujours le sentiment de bâtir un scénario improbable mais je décidai de garder l'œil ouvert.

Cependant je voulais profiter de ce tête-à-tête avec maman pour aborder avec elle une question délicate – je lui laisserais ensuite la tâche d'en discuter avec papa dont la réaction m'inquiétait davantage. Je pris donc une longue inspiration, après avoir englouti une bouchée de mon muffin :

– Maman, il y a un truc dont je voudrais te parler.

Le visage de ma mère se crispa un peu. Elle pensait à la pilule. Je la connais. Elle essaya de faire bonne figure.

– Oui, je t'écoute.

– Voilà, j'ai bien réfléchi. Et je sais quel métier je veux faire plus tard.

Imprudemment, elle se détendit.

– Je veux être flic.

Heureusement qu'une apnée provoquée par un choc émotionnel mène rarement à la mort. Mais le temps qu'elle mit à remplir à nouveau ses poumons me parut une éternité. Elle rougit, blanchit, l'âme en détresse. Je me demandai tout à coup si j'avais bien choisi l'endroit : il allait lui rappeler de si mauvais souvenirs qu'elle ne m'y inviterait plus jamais.

– Tu veux entrer dans la police !

Elle avait presque crié. Heureusement, il n'y avait qu'un client, l'homme aux gâteaux géants. Kirti avait disparu en cuisine quelques secondes plus tôt. Le client me jeta un coup d'œil curieux puis empoigna calmement un muffin que j'identifiai comme un coco-spéculoos – le légiste pourrait confirmer.

– Tu veux rentrer dans la police ! répéta-t-elle plus bas. Mais comment peux-tu ?

Elle n'explicita pas mais je savais de quoi elle parlait. Elle parlait de la chasse aux étrangers clandestins. Tous ceux que maman aidait vivaient dans la hantise du contrôle d'identité. Ils préféraient être exploités, battus, volés, abusés que de demander l'aide d'une police qui les mettrait dans un avion avant même d'avoir enregistré leur plainte. Il se racontait des histoires épouvantables et sans doute vraies de policiers qui avaient échangé des faveurs sexuelles contre une libération. Je me rappelais le cas de cette femme malade du sida qu'on avait renvoyée dans son pays, en toute illégalité car son statut de malade la rendait inexpulsable. Et pendant ce temps, son enfant de cinq ans, né en France, jouait avec une amie de sa mère, dans leur appartement.

– Je ne veux pas être gardienne de la paix. Je ne ferai pas la chasse aux étrangers. Je n'irai pas non plus casser des vitrines pour accuser les casseurs. Je veux être officier de police judiciaire. Ce sera ça ou rien.

Ma mère voyait que j'avais réfléchi à la question. Et cela ne la rassurait pas du tout.

– Même si tu ne le fais pas toi-même, tu appartiendras au service qui le fait.

– C'est aussi la police qui enregistre les plaintes des femmes battues, maman.

– Je ne dis pas qu'ils ne servent à rien…

Elle soupira, abattue.

– Excuse-moi, dit-elle, je pense à Nawar.

Même avec douceur, on peut taper fort. Moi aussi, cette histoire me hantait. Parmi les personnes que maman aidait à décrocher les papiers, il y avait eu Nawar et Benazir Sharam, un couple de Pakistanais que nous aimions beaucoup. Ils vivaient en France depuis douze ans, ils avaient deux enfants dont un garçon qui était dans ma classe. C'est comme ça que le dossier des Sharam était revenu aux mains de maman. Elle avait bon espoir qu'ils soient régularisés : les enfants étaient soutenus par le personnel du lycée et les associations de parents d'élèves, et surtout les Sharam avaient créé une petite entreprise de nettoyage. Ils avaient six employés, plus eux-mêmes. Ils étaient spécialisés dans le nettoyage de théâtres et salles de spectacle. Tout était déclaré. Ils payaient leurs impôts, leurs charges sociales. C'est ainsi : on peut être clandestin et payer ses impôts. À la préfecture, la dame du guichet disait que le dossier était bon, que « ça devrait passer ».

Mais un samedi, très tôt, Benazir appela maman ; elle était très inquiète, Nawar avait disparu. On commença à passer des coups de fil dans tous les sens, à tous les gens que nous connaissions. Finalement, Benazir nous recontacta. Tafouik, l'ami avec lequel Nawar avait rendez-vous la veille au soir, avait également disparu.

Tafouik vendait des fruits près de Belleville. Ce n'était pas un travail légal, mais il était généralement toléré par la police qui laissait l'étal s'installer dans les couloirs du métro. L'explication s'imposait : Nawar avait rejoint Tafouik et, pour une fois, une patrouille avait contrôlé le vendeur de fruits et son ami. Ils devaient être au dépôt, en attendant leur passage au tribunal des étrangers, au Palais de Justice.

On embarqua en urgence dans la voiture : maman, papa au volant, moi, Benazir, et Fabrice, un ami du réseau d'aide aux sans-papiers. Nous traversâmes Paris jusqu'à l'île de la Cité. Là-bas, nous nous retrouvâmes, anxieux, à passer sous les portiques de sécurité (sauf Benazir qui, sans papiers, attendait dans la voiture), avant de courir vers la salle du tribunal (maman et Fabrice se repéraient dans ce palais labyrinthique comme s'ils étaient chez eux). Dans le couloir, des hommes attendaient sur des bancs, sous la surveillance de policiers. Nous les dévisageâmes, pas de trace de Nawar. Maman aborda un avocat en robe.

Il avait vu Nawar et Tafouik. En fait, il avait même « défendu » Nawar une heure plus tôt. Nous blanchîmes. Comment ça « défendu » ? L'avocat était gêné. Il était seulement commis d'office. Il avait déjà plaidé pour cinq personnes ce matin, et il devait en « prendre » encore sept avant ce soir. Maman paniquait. Nawar avait été jugé ? Déjà ? L'avocat expliqua qu'il n'avait pas vraiment eu le temps de discuter de son cas avec son client, il n'avait eu qu'une dizaine de minutes pour s'entretenir avant le procès, principalement pour constater que le Pakistanais était en situation irrégulière. C'est d'ailleurs ce qu'avait conclu le tribunal. Il devait être expulsé.

Technique, Fabrice l'interrompit : Y avait-il un traducteur ? Parce que si personne n'avait signifié à Nawar sa situation et sa peine dans sa langue maternelle, le jugement n'était pas valable. Il y avait vice de forme, on pouvait casser la décision. Mais il y avait un traducteur assermenté, expliqua l'avocat. La préfecture s'en était assurée parce que aujourd'hui un avion ramenait des clandestins à Karachi et qu'« il restait des places ».

Nawar et Tafouik étaient peut-être à l'instant même en train d'embarquer.

Fabrice péta les plombs. Il interpella une dame qui se révéla être la représentante de la préfecture auprès du tribunal. C'est elle qui y jouait le rôle de procureure.

– Madame Martin !

Ils se connaissaient, à force de se croiser. Mme Martin serra ses dossiers sur sa poitrine.

– On cherche Nawar Sharam ! Et Tafouik… (il ne savait pas le nom de famille.)

– Je ne me rappelle pas…

– Un Pakistanais. Ce matin. Il a quarante-huit ans, deux enfants scolarisés ici. Il a une entreprise de nettoyage.

– Oui, c'est un cas assez triste. Il va être expulsé. Il était en situation irrégulière.

– Mais il a posé une demande de régularisation chez vous ! A priori, la réponse allait être favorable !

– Oui. C'est un cas assez bête. Mais le tribunal…

– Mais il est en danger ! Il a quitté son pays parce que sa vie était en danger !

– Ils disent tous ça…

– Nawar Sharam était producteur de cinéma au Pakistan. Il a produit un film appelé *Sana*, une comédie musicale…

– Une comédie musicale…

– L'histoire d'une gamine de douze ans qui refuse d'épouser l'homme que ses parents lui destinent. Le film a reçu des prix dans le monde entier, et tout le Pakistan est allé le voir, mais certaines autorités religieuses se sont scandalisées du film, il y a des attentats dans des cinémas et Nawar a reçu une fatwa. C'est une condamnation à mort ! Il ne vous l'a pas dit ?

Mme Martin détourna les yeux.

– Il a dit un truc comme ça. Si on n'a pas de preuve…

– Quelles preuves et quels témoignages pouvait-il présenter ? Il a été arrêté hier soir !

La dame soupira.

– Je suis désolée pour votre ami mais je ne peux rien faire.

– Il va être expulsé quand ?

– Dans une heure.

– Il faut empêcher ça. C'est fou ! Sa femme, ses enfants sont ici !

– On n'y peut rien. C'est jugé.

Mme Martin partit. Je vis qu'un des policiers qui surveillaient les clandestins me regardait d'un air désolé. Fabrice passa des coups de fil. À d'autres associations, à d'autres avocats qui suivaient ce qui se passait dans les centres de rétention ou dans les aéroports. Personne n'avait vu Nawar. Plus tard dans la journée, quelqu'un nous confirma qu'ils étaient bien montés dans cet avion à destination de Karachi.

Benazir se retrouva seule. La vie reprit. Pas de nouvelles de Nawar.

Benazir dirige l'entreprise qu'ils avaient créée ensemble. Elle continue à payer les impôts, la sécu ; ses enfants vont à l'école, et… on lui a donné ses papiers. Mais Nawar a disparu de la surface de la Terre.

– Moi aussi, maman, je pense à Nawar. Mais, tu sais, il y a beaucoup de flics qui détestent faire ce boulot de chasse aux étrangers. S'ils le font, c'est que la plupart des Français disent qu'ils veulent qu'on expulse les clandestins. Le problème, ce n'est pas la police. C'est nous.

Mais ma mère n'était pas d'humeur à entendre ce genre de subtilités. Brusquement, je la vis relever la tête – qu'elle avait baissée, accablée.

Une lueur brillait dans ses yeux.

– Tu sais, il y a plein de métiers formidables !

Aïe !

– Architecte ? Qu'est-ce que tu dirais d'architecte ?

– J'aime pas les parkings.

– Vétérinaire ? C'est chouette, vétérinaire.

– J'ai peur des chiens !

– Astronaute ?

– S'entraîner quinze ans pour partir une semaine…

– Assistance sociale.

– Pourquoi pas bonne sœur ?

– Actrice, c'est une expérience formidable !

– Je préfère être flic en vrai que flic à la télé.

– Qu'est-ce que tu dirais du tourisme ? Tu adores voyager.

– Les vacances, ça doit rester les vacances.

– Médecin… Toi qui aimes aider les autres !

– Ouais, médecin légiste à la rigueur.

– Journaliste ! (Énorme soupir de soulagement. Elle est fière de sa trouvaille.) C'est un métier citoyen et en plus tu peux *enquêter* !

– Oui, mais je ne peux pas tirer !

Elle me regarda bizarrement, ou plutôt, elle me regarda comme si j'étais bizarre et peut-être que ma dernière phrase l'était un peu. Elle commençait à désespérer, et ses propositions se firent de plus en plus pathétiques.

– Pilote ?

– Je suis myope.

– Prof… en histoire… en sciences de la vie… en anglais…

– Bouffon, ça existe encore ?

– Chauffeuse-livreuse. Tu adorais les camions quand tu étais petite.

– Tu veux dire, quand j'avais deux ans ?

– Infirmière !

– Mais, maman ! Avec papa, vous n'arrêtez pas de dire que, si ça continue, bientôt il n'y aura plus d'hôpitaux !

– Avocate !

Je ne le dis pas mais je pensai : « Du diable alors. »

– Trader !

Là, maman réalisa toute seule l'énormité de ce qu'elle venait de dire. Elle se reprit et ajouta d'une petite voix : « Esthéticienne. » J'adore le rouge à lèvres, le blush, le fard à paupières. J'hésitai, allez, une seconde.

– Je veux être flic.

Maman ne comprenait pas. Elle dit :

– Tu sais, la police, c'est pas comme dans les films. C'est beaucoup de paperasse…

– C'est un mal nécessaire.

– Souvent tu travailles pour rien. Les procédures n'aboutissent pas…

– Mais, sans nous, ce serait la loi du plus fort.

Ma mère me regarda à nouveau, les yeux un peu écarquillés.

– C'est un métier dur.

– Je suis très dure, moi aussi.

– Comment tu peux le savoir à ton âge ?

– Je le sais, c'est tout.

Elle resta figée. Elle digérait. Le muffin, et ce que je venais de dire. Visiblement, c'était difficile et douloureux. Je ne me sentais pas très bien moi-même. Quand je considérais les choses objectivement, je me rendais bien compte que j'allais dans une direction qui n'était pas du tout celle qu'on avait imaginée pour moi. Maman et ses sans-papiers. Papa et son hôpital. Ils sont très doux. Pourquoi je portais en moi ce besoin d'en découdre ? Mystère. Un mystère bien plus difficile à percer que celui de la Chambre jaune. Moi, je n'ai jamais eu accès à mon inconscient. Il est bien verrouillé. De l'intérieur.

Brusquement le téléphone portable du gros client sonna. Comme sonnerie, il avait choisi le refrain de *I'm no Angel* par Mae West – 1933. La voix haut perchée et le piano jazz s'élevèrent tout à coup. L'homme empoigna l'appareil. Il était décidément intrigant et avait certainement le sens de l'humour. Mais il parlait fort et en russe. Ses paroles résonnaient dans tout le restaurant, pendant qu'il s'était adossé à sa chaise et brassait l'air de sa main libre – il avait l'habitude de prendre de la place. Kirti passa la tête dans l'embrasure de la cuisine et l'observa. Concluant qu'aucune catastrophe n'était en cours, elle repartit à la cuisson de ses muffins – à en croire les parfums affolants qui envahissaient la salle. Le client, lui, riait, parlait, glissant dans son russe quelques expressions françaises telles que « ma chérie ». Quel baratineur ! Dans n'importe quelle langue, je reconnais un menteur.

Ce détecteur de mensonges, je le dois à Abdel, maître dans le domaine (je ne parle pas de la qualité mais de la quantité).

Pour commencer, il y avait eu la première version de son histoire telle qu'il l'avait servie à ma mère le jour de leur rencontre : il avait voulu quitter l'Algérie, il n'y avait pas d'avenir pour les jeunes là-bas. Il avait obtenu un visa touristique à l'ambassade de France en Algérie grâce à un ancien ami de son père. Il devait donc effectuer une simple visite dans notre capitale avant de repartir mais il n'était jamais reparti. Il vivait sans papiers depuis cinq ans. Entre-temps, ses parents étaient décédés, il n'avait plus aucun parent proche là-bas.

Après leur premier entretien, maman accompagna Abdel plusieurs fois au consulat algérien et à la préfecture. La première étape pour être régularisé est d'avoir un passeport délivré par son pays d'origine et Abdel avait perdu le sien, ou on le lui avait piqué, il ne se le rappelait plus. Le consulat voulait, pour délivrer le passeport, un papier de la préfecture. La préfecture voulait, pour délivrer le papier, le passeport. Maman raconte tout le temps des histoires comme ça. Les allers-retours consulat-préfecture se déroulèrent donc sur une période de six mois.

Enfin, après des heures de supplication, maman convainquit le consulat de refaire un passeport, à condition de repayer le timbre (c'est elle qui paya). À Alger, un ami d'enfance d'Abdel, devenu boucher, se chargea d'obtenir un acte de naissance et le leur envoya. Le passeport se matérialisa un jour, comme par magie. Du moins fut-il reçu comme un miracle.

Maintenant Abdel voulait demander l'asile territorial pour homosexualité. Ah ? avait dit maman. Oui, je suis homosexuel, avoua-t-il : c'est surtout pour ça qu'il ne voulait pas repartir. En Algérie, avec la montée des islamistes du FIS et les terroristes, il y avait plein d'homosexuels assassinés. L'islam condamne les hommes qui font l'amour avec d'autres hommes alors… En plus, Abdel avait un cousin qui l'avait menacé de mort et qui appartenait à un groupe islamiste. Il avait peur. Si on le renvoyait chez lui, il risquait d'être égorgé.

Le problème, répondit ma mère, c'est que pour avoir le droit d'être protégé par la France, il vaut mieux être menacé par les chefs du pays que par des criminels indépendants, c'est comme ça. Et qu'en plus il faut établir qu'on est vraiment exposé à une menace. Or les terroristes et les dictateurs délivrent rarement des certificats d'intention de tuer ou des promesses de tortures écrites. Est-ce que son cousin lui avait envoyé une lettre qui établissait ses intentions ? Non. Alors, ça allait être difficile. On allait demander. On produirait auprès de l'administration des articles de presse ou des rapports d'associations pour les droits de l'homme qui décrivaient les assassinats d'homosexuels en Algérie. Mais ça ne serait probablement pas suffisant.

Sans compter que son séjour en prison, ça faisait désordre.

Mes séjours, j'en ai fait deux, précisa Abdel.

Maman se mit donc au boulot. Elle réussit à monter un dossier qui établissait que les assassinats d'homosexuels s'étaient multipliés en Algérie. Certains d'entre eux avaient même été égorgés à peine étaient-ils descendus de l'avion qui les avait expulsés de France. Elle avait peu d'espoir d'obtenir ce droit d'asile mais elle voulait essayer…

Une fois le dossier déposé, il fallait attendre la réponse. Précisément il fallut attendre deux ans. Pendant cette période, Abdel était devenu un visiteur assidu de notre domicile. Certes, il apportait des cadeaux. Pourtant il ne faisait pas l'unanimité à la maison.

Un soir, j'assistai à une dispute entre mes parents – ils se disputent très très rarement. Cependant…

– Il profite de toi !

C'était la voix de papa (je me trouvais dans la buanderie qui possède une large ouverture sur la cuisine, au-dessus du frigo. D'où on entend parfaitement ce qui se passe au salon, même quand la porte de communication est fermée).

– Il vit dehors, il a à peine de quoi manger !

– À chaque fois, il dit qu'il te remboursera et il ne l'a jamais fait !

– J'en suis parfaitement consciente. Il ne dit ça que parce que c'est humiliant de demander.

– Cet argent lui sert d'abord à acheter des cigarettes.

– Ben, oui ! Il ne va pas acheter du tofu ! Quoi ? Tu trouves que les SDF négligent leur cholestérol ?

Papa adore le tofu.

– Mais ces histoires de papiers, c'est du bidon ! Tu crois vraiment que l'État va lui accorder l'asile politique ? Et tu crois vraiment que des hordes de barbus l'attendent en Algérie pour lui régler son compte ?

– Ils tuent n'importe qui, Thibaut ! C'est la guerre civile ! Ils tuent même des gosses. Et puis il n'a plus personne là-bas !

Papa soupira.

– N'empêche qu'on a des problèmes d'argent et que ce mec te tape du fric sans arrêt.

– Demande à ce qu'on me mette sous tutelle ! renvoya durement ma mère.

– Il n'a aucune chance d'être régularisé, râla papa. Et je ne te parle même pas des faux certificats de domiciliation que tu lui fais.

– Pour le coup, il n'a aucune chance d'être régularisé s'il n'a pas de domicile, dit maman.

– Il n'a pas de domicile. C'est un fait.

– Sans adresse, il ne peut même pas recevoir les courriers de la préfecture.

– Tu risques gros. Un faux certificat de domiciliation, ça peut t'envoyer en prison ! Il n'est pas difficile de voir qu'il n'habite pas ici.

Au moindre contrôle, tu te retrouves au tribunal. Ils font des exemples pour dissuader les gens d'aider les sans-papiers. Et merde ! Tu aides plein de gens qui le méritent et tu prends des risques pour ce type qui ne le mérite pas !

Quelques instants après, la porte de l'appartement claqua. Enfin, elle « claqua » : autant qu'elle peut claquer quand mon père claque la porte : « pfuitt ».

Au bout de deux ans, la réponse de l'administration revint finalement. La demande était rejetée. Tout le monde fut désolé, même s'il était de notoriété publique que des gens qui risquaient la pendaison ou la lapidation dans leur pays étaient régulièrement expulsés.

Maman était tourmentée à l'idée qu'Abdel puisse être arrêté. Je le voyais dans sa manière de surveiller la rue par la fenêtre avant de le laisser sortir de chez nous. Si l'expulsion valait exécution… Pourtant, à peine un mois après ce révoltant refus, Abdel, dans un moment d'oubli, évoqua auprès de maman une petite amie.

– Comment ça ? s'exclama-t-elle, interloquée. C'est qui, cette Samia ? Je croyais que tu étais gay ?

Il rougit et bredouilla qu'il ne l'était plus. Maman roula vers lui des yeux soupçonneux. Moi, j'admis immédiatement qu'il n'avait jamais été homo.

Je ne lui en voulus pas beaucoup d'ailleurs, de ce mensonge. Malgré les efforts consentis par maman et les risques qu'elle prenait pour lui. Abdel est né le même jour que ma mère. Le 21 septembre 1969. Je crois qu'il le répète à chaque fois que nous nous voyons. Il est très fier de cette coïncidence, il y voit un signe et un honneur. Moi, ce qui me frappe, c'est la différence de leurs vies. Ils sont nés le même jour, elle près de Nantes, lui à Alger ; vingt ans plus tard, ils habitent dans la même ville, Paris, enfin presque. Pour le reste, ils auraient pu être nés dans un hémisphère et à un siècle différents. Abdel et ma mère vivent dans deux mondes presque sans rapport. Pareil pour lui et moi. On se rencontre, c'est vrai, mais comme sur une frontière, genre *Stargate*, la limite entre le monde réel, banal, et un autre monde énigmatique : la rue. Jusqu'à quel point peut-on se comprendre, un qui dort au chaud, un qui dort dehors ? Abdel a ses règles de conduite, dictées par un objectif : la survie. Ce ne sont pas les nôtres. J'avais huit ans, et je l'avais déjà compris. Simplement je pris à cette occasion une des fameuses leçons dispensées par Maître Abdel, l'anti-Jedi.

Toujours est-il que, grâce à Abdel, je sais détecter un mensonge. Eh bien, quand le Russe parlait dans son téléphone avec sa « chérie », je savais qu'il mentait. Où se trouvait le mensonge ? Pourquoi mentait-il ? Mes connaissances en russe, limitées aux mots *« pravda »* (vérité) et *« sdrasvouïtié »* (bonjour), ne me permettaient pas de le savoir. En revanche, ce qui me frappa, c'était l'enthousiasme, la bonne humeur qu'il y mettait. Il mentait sans honte. Il mentait avec le sourire et en se léchant le bout des doigts pleins de chocolat fondu. Franchement il faisait plaisir à voir.

Maman s'était mise à discourir sur les voies d'admission dans la police et comment « accéder à la fonction publique aujourd'hui » était devenu « très difficile », « un vrai parcours d'obstacles ». Sans compter que les jeunes policiers étaient systématiquement envoyés dans les quartiers les plus difficiles… Je ne l'écoutais pas vraiment, même si je faisais semblant : je venais de remarquer quelque chose d'étrange sur le trottoir d'en face, à deux mètres du PMU. Un SDF.

Tous les Parisiens, tous les Montreuillois sont en contact quotidien avec des SDF. Près de chez nous, il y en a plusieurs que nous croisons régulièrement. Puis il y a ceux du métro, les uns près des escaliers, les autres sur une grille où remontent des courants d'air chaud.

Abdel dormait généralement près de la Nation, ou à Daumesnil. Il évitait les foyers d'urgence où, plus d'une fois, il s'était fait dépouiller. Il squattait à l'occasion. Quand les températures chutaient, il cherchait quelqu'un qui accepte de l'héberger, contre des services qu'il ne nous avouait pas, ou il se faisait hospitaliser. Il « galérait », selon son expression préférée. Il était rarement propre. Il se trimballait sans cesse avec des sacs où étaient rassemblées toutes ses affaires, issues le plus souvent des « vestiaires » associatifs. Parmi elles, il y eut longtemps un sac de couchage, de bonne facture, épais, bien chaud, mais qui, pour avoir traîné de banc en trottoir et de trottoir en grille, avait depuis longtemps quitté son bleu marine pour une espèce de kaki.

Or le SDF qui occupait un pan de trottoir en face du Muffin Palace se pelotonnait dans un sac de couchage neuf.

Ça arrive. Il faut bien que le sac de couchage

soit neuf un jour. Certaines associations en distribuent. Je l'avais donc remarqué, sans plus, comme j'avais remarqué que je n'avais jamais vu ce SDF. Ça arrive aussi. Il y a bien un jour où un homme se retrouve dehors alors qu'avant il avait un toit. C'est sans doute un jour vertigineux et cruel, mais ce n'est pas un moment rare malheureusement. Ce qui a vraiment attiré mon attention, c'est sa manière de regarder sa montre toutes les cinq minutes. Il attendait quoi ? Les cours de la Bourse ? J'ai quinze ans et j'ai vu des centaines d'hommes et de femmes qui vivent dehors. Je n'en ai jamais vu aucun regarder sa montre. Le temps de la rue et le temps de la ville sont des temps parallèles. Les aiguilles ou les cristaux sur leur cadran, quand ils en ont un, qu'ils ne l'ont ni perdu ni vendu, et que personne ne le leur a volé, ne bougent pas au même rythme que les nôtres.

Jamais je n'aurais supporté d'attendre comme Abdel a attendu. On peut lui reprocher bien des défauts, bien des travers, mais on ne peut nier sa patience. Car, de la patience, il lui en fallait.

On n'imagine pas cette tâche sans fin, ce défi à l'âme humaine qu'est une régularisation. Après l'échec de la demande d'asile territorial qu'avait faite maman pour Abdel, elle tenta une nouvelle approche : le problème était que la prison faisait désordre dans son CV. Il fallait rassurer les autorités sur les capacités d'Abdel à s'intégrer.

Or, son premier séjour en prison était lié à sa situation de clandestin : il s'était fait arrêter avec des faux papiers à Barbès, des faux de tellement mauvaise qualité qu'on n'aurait pas pu s'en servir pour un jeu de rôles. Il « était tombé » comme il dit et il avait fait trois mois de prison. Après, il aurait dû repartir en Algérie mais il était resté, bien sûr.

Le deuxième séjour en taule, c'était pour une « histoire d'alias ». En fait, il était accusé d'avoir emprunté diverses identités pour échapper à la police. Cette usurpation lui avait coûté sept mois de prison. Or, Abdel prétendait être innocent.

Innocent, Abdel ?

Maman le crut.

Ensemble ils firent une chose étonnante : ils décidèrent qu'ils allaient prouver qu'il y avait eu erreur judiciaire.

Car, dans le dossier d'accusation d'Abdel, il y avait des empreintes digitales, et celles-ci n'avaient jamais été comparées aux siennes. Ça paraît incroyable. Mais c'est ainsi, la justice française, aussi, est une miséreuse qui doit mendier pour survivre. On PEUT comparer des empreintes digitales. Les Brigades du Tigre, ça ne date pas d'hier. Mais on ne PEUT PAS payer la comparaison de toutes les empreintes digitales de toutes les affaires qui passent au tribunal. Sans compter que le personnel n'est pas assez nombreux pour le faire. Ainsi, malgré les demandes réitérées de son avocat, Abdel était passé en jugement sans qu'on ait comparé ses empreintes. On l'avait envoyé en prison sans vérifier.

Moi, je dis qu'une histoire comme ça ferait passer *Harry Potter* pour le monde réel. Parce que le plus beau, c'est quand même la suite.

Abdel avait le droit de demander la comparaison des empreintes *après* avoir purgé sa peine.

Ils le firent.

Pendant qu'il attendait, Abdel pouvait résider en France à condition de rester « assigné à résidence ». Il ne devait pas passer les portes de Paris. *Intra-muros*, pour lui, avait un sens très concret. Ça voulait dire que pour voir maman, elle devait le retrouver porte de Montreuil, côté Paris. À cinquante mètres de là, il était dans l'illégalité.

L'examen dura un an. Enfin, pendant un an, le dossier remonta lentement, lentement, la pile himalayenne qui oscillait dangereusement sur le bureau d'un technicien de la police scientifique. Le suspens grandissait. Abdel avait-il réussi une entourloupe ou avait-il vraiment été la victime d'une tragique erreur judiciaire ?

Un an de doute.

Que fit Abdel toute cette année ?

Il marcha. Il ne se déplaçait qu'à pied, il avait

rarement de quoi se payer les tickets et ne voulait pas se faire arrêter dans les transports en commun. Il y avait loin entre chez lui et chez nous (enfin, porte de Montreuil). Il lui arrivait de traverser tout Paris pour aller chercher un papier ou voir un médecin. Quand il disait : « Je viens », il mettait parfois trois heures à nous rejoindre, sans avoir particulièrement traîné. Mais il errait aussi, des heures, avec des « potes » de la rue comme lui, avec lesquels il parlait, buvait, fumait. Je n'avais aucune idée de ce qu'ils pouvaient bien se dire. Il fréquentait les églises, les mosquées, les services sociaux. Il faisait des CV pour des agences d'intérim où l'on n'avait pas le courage de lui dire que, dans son état d'hygiène, personne ne lui confierait même la plonge dans un restaurant. Il fut hospitalisé plusieurs fois dans des services psychiatriques. Il dormit dehors. Il fut hébergé en hôtel ou en foyer de travailleurs. Il en fut viré. Il attendit des journées entières sur un trottoir, dans un square, une gare, dans des hôtels miteux. De temps en temps, il perdait connaissance, se réveillait, dépouillé de tout, en travers d'un trottoir. Ou alors il s'était fait agresser par un « ami » qui avait le vin mauvais. La routine de la rue. Il lisait beaucoup et n'importe quoi.

Bien sûr, IL NE REGARDAIT JAMAIS SA MONTRE. Il n'avait ni train à prendre, ni horaires de bureau, ni télé.

Un an. trois cent soixante-cinq jours environ plus tard, après avoir gravi la pile, le dossier révéla ses secrets.

Abdel était innocent.

Il avait fait sept mois de prison pour rien.

Si une journée dans la rue est un siècle et un mois un millénaire, que représentait cette année d'attente à l'échelle de la vie d'Abdel ? Combien de nuits en sac de couchage sur un banc de gare ou dans le hall d'un immeuble ? Combien de douches en institution ? Combien de repas pris dans des associations, combien de repas sautés ? J'appris qu'Abdel pouvait rester très longtemps sans manger. Combien de journées dans des bars enfumés à regarder sans y penser des courses du PMU ? Combien de foyers ? Combien d'exclusions de foyer ? Combien de cigarettes ? Combien de verres ? Combien de gélules ?

L'éternité, dehors.

Eh bien, quand la justice eut constaté qu'elle s'était trompée, il lui fallut encore un an pour effacer la peine du casier judiciaire et reconnaître par écrit son erreur [1].

1. Je ne résiste pas à la tentation de raconter ce qui arriva ensuite. Le surlendemain du jour où maman reçut le courrier de la justice reconnaissant l'erreur judiciaire commise à son encontre, Abdel fut arrêté en train de voler des couvertures de la SNCF. Gare d'Austerlitz. Il prétendit que c'était parce qu'il avait froid. Il en avait pris douze. Le juge eut un petit sourire en coin : « Vous

Mais Abdel ne s'en formalisa pas. Il constata que c'était long. C'est tout.

Alors, pourquoi mon SDF d'en face regardait-il sans cesse sa montre ?

J'observai l'immeuble au-dessus de lui. Quatre appartements en tout, au-dessus d'un PMU. Je savais qu'ils étaient en mauvais état et occupés par des familles maliennes. Pas de fenêtre à partir des cages d'escalier. On ne pouvait pas s'y installer pour observer ce qui se passait dans le Muffin Palace. Un gars aurait pu faire la planque au café. Mais celui-ci était convivial et fréquenté surtout par des habitués. J'eus brusquement l'idée de ce que l'homme au sac de couchage faisait là : il surveillait discrètement le Palace. Et pour cela, il avait enfilé le costume qui éloigne les passants !

Ils étaient donc trois dans la combine : les deux mecs de la voiture et le faux SDF.

Je commençais à me convaincre que mes craintes n'étaient pas de purs fantasmes. Un dispositif avait été mis en place et, d'après sa géométrie, il visait le Palace et sans doute le Russe qui mangeait et mentait à la table voisine. Des gangsters préparaient un mauvais coup. Voilà, maintenant, j'en étais persuadée.

---

deviez avoir *très* froid. » Et il le laissa partir. Ma mère était dans une rage folle. Elle lui passa un savon monumental.

Je pensai immédiatement à la mafia russe, célèbre maintenant quasiment autant que ses sœurs italiennes. Puis je m'avisai tout à coup que peut-être j'avais commis une totale inversion des faits : et si les trois hommes qui planquaient dehors étaient des policiers qui filaient un dangereux criminel (en train d'aspirer, en longues goulées, son milk-shake à la fraise) ?

J'avais partiellement raison. *Le Parisien* me l'apprit le lendemain : le jovial Moscovite était l'un des trafiquants d'armes les plus connus de la planète. Il s'appelait Viktor Vladimirovitch Golikof. C'était un ancien officier de l'Armée rouge, converti au capitalisme dans sa forme la plus brutale : la vente de canons. Canons, lance-roquettes, kalachnikovs, uranium ou tanks. La moitié des Africains qui avaient été assassinés au cours des vingt dernières années avaient été tués par une balle vendue par Golikof. Oui, il devait rire quand il entendait la sonnerie de son téléphone chanter « *I'm no angel* »...

Que faisait-il seul, au Muffin Palace de Montreuil, sans garde du corps, sans limousine blindée ? *Le Parisien* expliqua que le trafiquant d'armes avait un faible pour les gâteaux (j'en étais témoin), qu'après son infarctus, sa femme avait décrété un embargo sur la graisse et le sucre, embargo que en bon trafiquant, il avait décidé de briser par une méthode éprouvée : l'exfiltration clandestine. Il avait donc échappé à son équipe de protection et à sa femme pour se goinfrer librement. Malheureusement pour lui, quelqu'un avait eu connaissance de cette habitude.

Qui ? La police ? Des policiers, des vrais, justement postés autour du restaurant où je venais d'annoncer à ma mère mon intention de devenir flic ? C'était un signe ! Bien sûr, je ne crois pas aux signes. Mais c'était un signe ! Je me calmai tout à coup : j'avais oublié l'hypothèse gangsters. Elle était largement plus probable. Et plus angoissante.

J'aurais dû trouver un prétexte et proposer à ma mère de rentrer finir nos délices à la maison. Mais je n'en fis rien. Pourquoi ? De mauvaise foi, je dirais que ces observations alarmantes me paraissaient irréelles et que j'espérais échapper au film de gangsters. De bonne foi, je devrais dire que, sans doute, inconsciemment, j'avais *envie* de me trouver au cœur d'un film de John Woo. Bien sûr, maintenant, j'ai un peu changé d'avis. Je veux bien retourner au cœur d'une fusillade, mais pas sans arme, sans casque et sans gilet pare-balles.

Tout à coup Judy Garland et Gene Kelly entamèrent avec conviction et entrain : « *Be a clown, Be a clown, All the world loves the clowns.* » Viktor Vladimirovitch appréciait. Il se mit à taper de ses mains en rythme, cessa un instant pour épousseter son pantalon constellé de miettes et se leva en recommençant à scander la chanson de ses coups de battoirs.

Je n'étais pas tout à fait triste de le voir partir, même si j'espérais que la police l'interpellerait, là, juste à la sortie du Muffin Palace. Ce serait sans doute la chorégraphie la plus distrayante qu'il me serait donné de voir, moi qui ne rêvais que de « saute-dessus » et de passage de menottes. Mais je me sentais également soulagée à l'idée de sortir de l'étau dont je devinais qu'il se refermait sur cet homme et dont il n'était pas dit qu'il se terminerait en élégante arrestation. Je ne m'inquiétais pas seulement pour moi : ma mère m'accompagnait ; je ne doutais pas un instant qu'elle n'aurait pas les bons réflexes en cas de grabuge. Si le Russe nous quittait, la menace nous quittait aussi.

Manque de pot, il ne se dirigea pas vers la sortie ; il s'arrêta devant les vitrines réfrigérées : il passait une nouvelle commande !

Maman s'était lancée dans une nouvelle plaidoirie : elle essayait de me convaincre que mes aptitudes physiques ne me permettraient pas de rejoindre la police.

– Ils ont des exigences inouïes maintenant pour accéder à la police. D'abord, il faut être grand, faire beaucoup de gymnastique, pratiquer un sport de combat...

À l'entendre, sans médaille olympique, on n'avait aucune chance de porter l'uniforme. Je la laissai débiter la liste effarante des qualités nécessaires pour entrer dans la police (compter comme Einstein, écrire comme Proust, dribbler comme Zidane, etc.) en regardant dehors.

Le faux SDF était toujours en faction. Il ne quittait pas des yeux le Russe aux muffins qui était en train de se faire livrer un milk-shake vanille et deux gâteaux supplémentaires, dont un brownie. Pendant que la sauce au chocolat tiède coulait sur son carré de lipides quasi purs, il bougeait les pieds. Je me rendis compte qu'il faisait des claquettes, des claquettes muettes car il portait des tennis, néanmoins des claquettes parfaitement en rythme avec la musique. Malgré son poids, il semblait extrêmement agile et ses chevilles étaient aussi souples et inspirées que celles d'un Bill Bojangles Robinson. Il était peut-être producteur de théâtre ou de cinéma, pensais-je, moi qui n'avais pas encore lu *Le Parisien.* On tournait des comédies musicales à Saint-Pétersbourg ?

Mais un nouvel événement se déroula juste à ce moment. Deux gardiens de la paix apparurent sur le trottoir. Ils étaient en patrouille. Ils remarquèrent tout de suite la vigie dans son sac de couchage et s'en approchèrent. Je les vis poser une question au faux SDF qui, très gêné, fit mine de fouiller son sac. Une besace. Il cherchait des papiers qu'il leur tendit. Les policiers observèrent attentivement la carte. Je vis qu'ils se préparaient à l'embarquer – allaient-ils, sans le savoir, arrêter un dangereux criminel sur le point de commettre un meurtre ? Ou allaient-ils, par erreur, arrêter un collègue en pleine planque ?

Alors qu'ils ordonnaient à l'homme de se lever (ce que je compris à leurs gestes), ils furent abordés par une tierce personne. Je la connaissais : c'était notre concierge. Je commençai à rire intérieurement, tandis que maman s'interrompait au milieu de sa liste : tirer comme Lucky Luke, conduire comme Alain Prost…

– C'est Germaine, en face, dit-elle. Pauvres gars, dit-elle en désignant les policiers et le SDF.

Notre concierge prétend s'appeler Germaine, mais elle aussi se sert d'une fausse identité : son vrai nom est italien. Elle a quatre-vingt-sept ans. Les concierges ont le droit de continuer à travailler sans limite d'âge. Elle est plus petite que moi et, à quatre-vingt-sept ans, elle continue à tirer des poubelles très lourdes jusqu'au trottoir. Elle nettoie les escaliers à genoux. Elle monte les paquets alors qu'on n'a pas d'ascenseur. Je trouve que c'est barbare. Mais elle n'a plus de famille, elle travaille dans cet immeuble depuis 1970 et elle n'imagine pas vivre ailleurs. Le syndic lui a proposé de prendre sa retraite tout en conservant la loge ; elle refuse, elle pense qu'elle mourra si elle arrête de travailler.

C'est barbare pour elle, et pour nous aussi. Car Germaine est une épreuve.

Par ordre croissant de gravité :

Germaine nous soûle de considérations sans intérêt sur les climats et la politique. Les climats et la politique pris dans leurs relations complexes. Par exemple : « Depuis que le général de Gaulle est parti, il n'y a plus de saison. »

Germaine interdit qu'on allume les lumières dans l'escalier parce que « ça use les ampoules ». Elle a aussi enlevé les ampoules des caves pour freiner nos tentations d'y aller ; sinon on remonte de la terre dans son escalier.

Germaine impose à chacun un interrogatoire d'entrée sur le territoire de l'immeuble. Il a fallu que je lui présente Lola dont les piercings ne lui plaisaient pas. Tous nos invités doivent décliner leur identité et déclarer qui ils vont voir. Elle aurait pu être concierge en URSS.

Germaine est une balance. Elle nous raconte les travers des voisins. Qui tire trop la chasse d'eau, qui reçoit des femmes chez lui et qui fait de son appartement un « foutoir ». Un jour elle nous a proposé d'aller visiter l'appartement de notre voisin, « un cochon ». Elle avait les clés. Maman ne veut pas lui confier les clés de chez nous.

Germaine dé-trie le contenu des poubelles. Elle préfère que les journaux soient dans la poubelle des déchets sales. Les briques de lait aussi.

Germaine insulte certains visiteurs. Elle abhorre les livreurs : les roues de leur diable érodent nos pavés et leurs cartons raclent le papier peint de la cage d'escalier. Dès qu'ils se présentent, elle ne les lâche pas d'un pouce et les abreuve d'injures dès qu'ils frôlent le mur. Un midi, maman offrait un café à un livreur de chez Darty. Pendant tout ce temps, Germaine a crié sur le palier en le traitant de feignant. Finalement, maman est sortie et s'est mise à hurler plus fort qu'elle.

Germaine est hyperraciste. Elle méprise ma mère, qui pourtant est la seule à la défendre pour l'augmentation de son salaire ou la réfection de sa loge. Le livreur de Darty était noir, soit dit en passant.

La première fois qu'Abdel nous rendit visite, Germaine lui sauta à la gorge. Ce jour-là, il n'était pas particulièrement propre (il y a des hauts et des bas), il sentait le vin, il portait un de ces survêtements à cinq euros, il était arabe (comme toujours), donc Germaine l'accusa d'être un voleur. La suite est très mystérieuse.

Germaine est tout sucre tout miel avec Abdel. Des fois, je rentre du lycée, et je les trouve en conversation amicale, sur des questions météorologiques en général, qu'il pleuve trop ou qu'il fasse trop chaud. Des fois, il monte sur un escabeau et change une ampoule pendant qu'elle l'encourage de ses ordres exaspérés. Il lui offre des Mon Chéri (volés, j'imagine) pour son anniversaire – il connaît la date de son anniversaire !

Mais, à ma connaissance, Abdel est la seule personne à avoir amadoué notre gorgone.

Les policiers eurent droit à leur salve d'injures de la part de notre concierge, probablement sur le thème de « feignants-jamais-là-où-il-faut », et l'homme couché à ses pieds aussi, sur le thème probable d'« allez-donc-vous-trouver-un-travail », ce qui eut le don d'éloigner les autorités qui se défilèrent au plus vite et allèrent contrôler ailleurs.

Qui sait ? Sans Germaine, il n'y aurait peut-être pas eu de fusillade. Les tueurs auraient rangé leurs armes et attendu une autre occasion. Au lieu de quoi, l'homme au sac de couchage dégaina un téléphone portable dès que les policiers se furent éloignés. Germaine lui lança quelques vérités bien senties et se détourna en tirant son caddie pour rejoindre le marché. Je vis le SDF dire quelques mots dans l'appareil puis le ranger. Un instant après, il se dressait sur les talons et rangeait rapidement son sac dans un étui en nylon.

Un flot d'adrénaline se répandit dans mes veines. Le danger approchait. J'en étais sûre. Et ma seule réaction fut l'excitation. Pourquoi trouvais-je du plaisir dans la proximité du mal ? Et sans vouloir y prendre ma part ! Ou alors le voulais-je ? Je m'étais plus d'une fois interrogée sur mes motivations, sans en trouver la raison. Bien sûr, je savais que je n'étais pas la seule à éprouver ce type de sentiments suspects. Après tout, pourquoi aimons-nous à ce point les films de guerre, les films d'action ou, pire : les films d'horreur ? Mais bien sûr, il y a quelque chose de plus profondément trouble dans l'exaltation que provoque le danger réel. Et d'ailleurs, tout le monde ne ressent pas les choses ainsi... Ceux qui font le mal et ceux qui prétendent les en empêcher partagent une sorte de connivence.

La première fois que je ressentis ce sentiment ambigu, Abdel y était encore pour quelque chose. Cet épisode particulièrement traumatisant est aussi à l'origine de ma vocation de policière. Bref, ce fut une étape importante de ma vie. J'avais dix ans alors.

Malgré la criante injustice qu'avait commise la France en emprisonnant Abdel pour un délit qu'il n'avait pas commis, l'administration ne jugea point qu'il méritait ses papiers. Retour à la case Zéro.

Cependant bientôt un nouvel élément vint s'ajouter au dossier d'Abdel : sa folie. Abdel n'avait jamais caché à maman qu'il prenait des médicaments. Notamment, il consommait des anxiolytiques. Ça faisait partie de la rue. Vivre dehors, c'est très éprouvant. Ceux qui ne sont pas cinglés avant d'y sombrer le deviennent à force de peur, d'isolement, de détresse.

Et puis, l'affaire des papiers, ça use la santé. Beaucoup de gens en attente de papiers, ou en désespoir de papiers, prennent ce genre de médicaments. Sonia, une amie russe de maman, m'a dit hier que jamais elle n'allait à la préfecture sans avoir avalé plusieurs gélules. Je me demande si les gens qui travaillent à la préfecture en prennent aussi. Si des deux côtés du guichet, on a les nerfs à vif, on est malades des papiers.

Donc Abdel prenait des médicaments et un jour il rata le rendez-vous avec maman. Elle s'inquiéta mais, bon, les SDF, comme je l'ai déjà souligné, il n'y a pas de raison que ça fonctionne comme un coucou suisse. Il appela le lendemain. « Je suis à Charenton. »

Manière de dire : « Je suis interné à l'hôpital psychiatrique de Charenton. » Il avait avoué au docteur ses pensées suicidaires. D'où l'internement. Il fallut quelques secondes à maman pour digérer l'information. Donc, en plus du reste, Abdel était fou…

« Bon… Irène. Bon, Irène… Est-ce que tu pourrais m'apporter des cigarettes et du chocolat ? » Maman grinça. Elle n'avait que ça à faire ! Et bien sûr elle céda. Un grand parc vert, avec des arbres hauts, c'est là qu'elle le retrouva. Le chemin qui menait au pavillon était long et apaisant. Le pavillon lui-même était légèrement décati mais il ne manquait pas de charme.

Dès qu'elle apparut, Abdel prétendit qu'il n'était pas vraiment malade, juste un peu nerveux, mais que l'hôpital était reposant. Maman le crut à moitié. Il n'était pas absurde qu'il voie l'hôpital comme… une maison de vacances. Il était nourri, logé, au chaud. Il avait la télé et une bibliothèque. En plus, l'établissement était mixte alors que les lieux qu'il fréquentait habituellement étaient strictement masculins. C'est peut-être choquant de dire qu'un hôpital psychiatrique fait office de villégiature, mais quand on passe ses nuits d'hiver sur des grilles de métro, et qu'on doit faire trois kilomètres pour boire une lavasse et manger une tartine au petit déjeuner, un pavillon en fond de jardin, fût-il équipé de portes à code, c'est un peu le paradis.

Cependant, lors de cette visite, maman fut effrayée par l'effet des calmants sur Abdel : il était méconnaissable. « On aurait cru qu'on passait les images de lui au ralenti. » Il répétait plusieurs fois la même phrase et ne cessait de répéter : « Bon, Irène… » Il lui expliqua quand même qu'il venait là régulièrement. Sans les médicaments, il se serait arrangé pour rester à demeure à l'hôpital. Mais, à un moment, il ne supportait plus la camisole chimique, il ne supportait plus de se voir la paupière lourde et la mâchoire pendante, il préférait repartir dans la rue.

Il n'y avait rien de réjouissant à voir Abdel dans cet état. Cependant pour maman, la découverte des hospitalisations d'Abdel fut une excellente nouvelle : avec cette histoire d'asile psychiatrique, elle tenait un argument fort pour reprendre le dossier de régularisation d'Abdel. Il faudrait qu'on monte un bon argumentaire médical et le soumettre au médecin de la préfecture. Maman entreprit de démontrer aux autorités qu'Abdel était un grand malade dont il ne fallait pas interrompre le traitement en l'éloignant de la France.

Mais Abdel était plus souvent dehors que dedans. Donc se posait toujours pour lui la question : où dormir ?

Au cours de ses pérégrinations dehors, Abdel rencontra un couple de gens à la retraite, des gens assez riches d'après lui. Il nous expliqua que le monsieur avait été ambassadeur de France au Maroc à une époque, et qu'il possédait à Marrakech une vaste maison, un riyad, un de ces endroits luxueux avec piscine cachée et de la verdure à tous les balcons.

Ils possédaient aussi un immeuble entier dans le 17e arrondissement près de Villiers.

Ils avaient parlé politique avec Abdel dans un café, puis littérature, et, apprenant sa situation, lui avaient proposé de le loger contre rien dans une chambre de bonne. La proposition était un peu trop belle d'après maman, mais Abdel passait sa vie à accepter des propositions un peu trop belles ou un peu trop moches, qui se finissaient généralement en déménagements impromptus, mais, après tout, c'était l'hiver et c'était mieux que de dormir dehors.

Abdel, au début, était franchement content. Il trouvait que « les vieux » étaient un peu envahissants, bien sûr, il fallait prendre le thé avec eux quotidiennement, mais enfin c'était pas si mal. Il avait aussi pour voisin de chambrée, sur le même palier, un homme à tout faire, visiblement un peu Cro-Magnon, jaloux qu'Abdel l'ait supplanté dans le cœur de ses employeurs. En plus, il avait le vin mauvais et c'était un « psycho », disait Abdel, un « ouf » – je ne mis pas son diagnostic en question, il savait de quoi il parlait.

Il s'installa donc à Villiers, dans un quartier bourgeois où, à le croire, il était comme un coq en pâte.

Pendant un temps, il disparut de nos vies. Il appelait de loin en loin, prenant des nouvelles du dossier de régularisation qui maintenant trônait quelque part dans les locaux du médecin de la préfecture. Maman le trouvait bizarre et se demandait s'il n'aurait pas dû retourner à Charenton pour un séjour. Il éludait. Selon lui, il n'allait à l'asile que pour se reposer. Or justement il avait en ce moment ce qu'il avait rarement : une chambre à lui…

Et puis, un jour, il voulut nous voir d'urgence. Maman grogna : qu'est-ce qui se préparait encore ?

Quand Abdel se présenta chez nous, il était dans un état à faire peur. Je voyais que maman louchait sur le téléphone en se demandant si elle devait appeler le médecin.

Il commença à raconter son histoire. Le couple super rupin de Villiers lui demandait de temps en temps un service, une petite course, un joint de robinet à changer… Puis ils avaient demandé un peu de ménage, puis plus de courses. Il en fallait peu pour rebuter Abdel mais il avait docilement obéi, histoire de voir s'il pouvait obtenir encore quelques semaines de logement sans être réduit en esclavage. Cependant les exigences de ses « patrons » n'avaient cessé d'augmenter, le tenant occupé de 7 heures à 22 heures – au rythme qui était le sien bien sûr, le remplacement d'une ampoule prenant probablement deux heures, entrecoupées de longues pauses cigarette. D'après Abdel, d'ailleurs, les époux infernaux se moquaient de son rendement, ils étaient plutôt dans un jeu de pouvoir pervers, ils voulaient leur esclave, à eux, qu'ils pouvaient appeler, diriger, contempler. Qu'il fût incompétent importait peu.

Bon, un jour Abdel en avait eu marre et avait décidé d'aller redormir sur sa grille de métro. Sauf que là, le couple de retraités avait jeté le masque : ils avaient piqué son passeport et l'avaient enfermé dans leur coffre. Abdel pouvait partir, mais il perdrait ses papiers. S'il voulait le récupérer, il fallait rester.

– Là, honnêtement, dit Abdel, j'ai failli les massacrer. Il y a des grands couteaux dans la cuisine, je me suis dit que j'allais les découper.

Au ton qu'il employa pour dire ça, maman et moi sentîmes les poils se hérisser sur nos avant-bras.

– Ils veulent m'avoir, tu comprends. Ils s'en foutent que je cire leurs chaussures ou que je ne les cire pas. Ils veulent m'avoir. C'est pas des histoires d'argent, ou quoi ou qu'est-ce... (Abdel était décidément bon psychologue.) C'est dans leur tête et c'est dans la mienne. Ils veulent m'avoir. Mais ils m'auront pas, je vous le dis.

Moi je comprenais bien ce qu'il disait. Des fois, dans la rue, je croisais le regard d'hommes et à leur manière d'insister, de me fixer, je savais qu'eux aussi voulaient « m'avoir ». Il y a des adultes qui gardent leurs pensées secrètes et n'agissent jamais, parce qu'ils ont peur de ce qui leur arriverait s'ils passaient à l'acte, mais à défaut ils vous font voir, ils vous font sentir leurs pensées, ils vous font peur avec. C'est rien que dans la tête, un regard, un sourire torve, mais ça leur donne à eux le plaisir d'imaginer qu'ils pourraient vous avoir et à vous le sentiment de l'avoir été un peu. En écoutant Abdel, je comprenais ce qu'il ressentait, c'était un viol de l'esprit, un jeu d'humiliation et de pouvoir. Malheureusement, il y réagissait très violemment, avec sa part de folie.

– Ils m'auront pas, répétait-il pour la vingtième fois. Je les crève avant.

Maman réfléchit très vite et elle dit la seule chose qui pouvait avoir de l'effet sur lui :

– Abdel, si tu tuais quelqu'un, qui que ce soit, je ne te le pardonnerais jamais. Nous ne serions plus jamais amis.

Jusqu'ici, l'amitié entre eux n'avait pas été explicite, en tout cas de la part de maman. Vu les circonstances d'ailleurs, il n'est pas acquis que cette évocation était très sincère ; il y avait sans doute une part de stratégie bien pensée dans cette solennelle déclaration, mais quand on jette de l'eau sur le feu, on ne se demande pas si c'est de l'eau minérale ou de l'eau du robinet.

On avait tous le cœur battant. Maman avait la trouille, j'avais la trouille, Abdel aussi. Il se calma un peu et ajouta :

– OK, je vais partir de chez eux. Je reste juste cette nuit. Mais comment je fais pour le passeport ?

Maman lui dit qu'elle s'en occupait, elle allait se rendre chez les « patrons ». Mais lui ne voulait pas en entendre parler.

– Mais, t'es ouf ! Le gars qui occupe la chambre de bonne, Simon, c'est un psycho. Il y a deux semaines, il a brisé une bouteille de vin sur la tête de la caissière du Leader Price.

– S'il est chez eux, je repars.

– Même, c'est trop dangereux !

– Je me ferai accompagner.

Le choix de maman se porta sur Alain, un ami inspecteur du travail qui faisait de la boxe. Il fut décidé que maman irait le lendemain, escortée par son garde du corps amateur, réclamer aux sadiques le passeport qu'ils avaient kidnappé. Sans quoi elle mettait un avocat et « la presse » sur l'affaire.

Puis Abdel repartit.

Ce que la vie devenait excitante ! Quelle soirée de rêves, de frissons et d'adrénaline ! Dans ma chambre je jubilais. J'étais incapable de reprendre ma lecture de Sherlock Holmes tant j'étais transportée à l'idée du lendemain ! Ma mère et Alain, en justiciers, s'apprêtaient à prendre d'assaut le manoir des cinglés ! Qu'allait-il se passer ? Y aurait-il des coups de feu ? Des gifles ? Allait-on appeler la maréchaussée ? les pompiers ? les Indiens ? Et au milieu de cette bataille, il y avait maman, ma mère à moi, qui n'allait qu'en faire une bouchée, des retraités visqueux, et qui ferait triompher la loi et l'ordre.

Ce n'était plus dans les livres, c'était en vrai. Je ressentis une exaltation extraordinaire. Jamais je n'avais éprouvé un tel sentiment. J'avais beau avoir imaginé les pires situations : moi accrochée au poteau pendant que les Peaux-Rouges dansaient en brandissant leur hache, moi sur le pont d'un cuirassé à deux minutes du Débarquement, moi escaladant l'Himalaya pour échapper au yéti, jamais, je n'avais frissonné ainsi. J'étais en train de découvrir quelque chose : le danger imaginaire ne me suffisait pas ; le danger réel, même si son écho restait lointain, m'attirait irrésistiblement.

Bon, la réalité freinait mon plaisir. Alors que maman se préparait une matinée d'aventures, mon programme était moins passionnant : « Récitation. *La Cigale et la fourmi.* Tables de multiplication. La table de 9. Gymnastique à

10 heures. » Je soupirais… Mais enfin, maman me raconterait.

Ce fut vite raconté. Voyant le mètre quatre-vingt-treize d'Alain et la fureur de ma mère, les vieux rendirent le passeport en cinq minutes chrono, dont quatre consacrées à essayer de se rappeler la combinaison de leur coffre-fort que, dans la panique, ils avaient oubliée.

Tout est bien qui finit bien : Abdel repartit coucher dehors.

Mais l'histoire ne finit pas là…

Cet idiot d'Abdel avait oublié un jean et des chaussettes dans la machine à laver de l'immeuble. Il retourna donc à Villiers récupérer ses précieux effets et descendit à la buanderie…

Nous, nous étions à la maison avec papa et maman. On jouait au Cluedo. Le Dr Olive était mort. Maman pensait que c'était le Colonel Moutarde avec un chandelier dans la salle de billard. D'après elle, sur le conseil du Dr Olive, le colonel avait fait des investissements dans une compagnie égyptienne véreuse qui l'avait ruiné, ce qui prouvait que le capitalisme poussait au crime. Papa pensait que c'était Mlle Rose, avec le poignard, dans la bibliothèque, parce qu'elle avait eu une enfance difficile, marquée par un environnement familial instable et une terrible violence psychologique, qui, après des années de non-dit, lui était remontée tout d'un coup. Moi, je pensais que c'était Mme Pervenche dans la véranda avec un flingue, parce qu'elle était foncièrement mauvaise.

Papa était en train d'organiser la défense de Mlle Rose quand l'hôpital appela. Maman figurait comme « personne à prévenir » s'il arrivait quelque chose à M. Abdellack Zenati. Et il était arrivé quelque chose... Ils préféraient qu'on vienne avant d'en parler.

Nous partîmes en urgence pour l'Hôtel-Dieu.

Sur le trajet, dans la voiture, papa et maman se disputèrent. Comment ? C'était quoi cette histoire de passeport confisqué ? Et elle était allée avec Alain chez ces gens ? Pourquoi pas avec lui ? Elle croyait qu'il n'était pas capable de la protéger ?

Sur la banquette arrière, j'avais du mal à me retenir d'intervenir. Papa comme garde du corps ? Un type qui enfilait la robe d'avocat dès qu'il fallait écraser une araignée !

Donc ça dura tout le trajet, papa qui se plaignait que personne ne décelait en lui l'Arnold Schwarzenegger qui sommeillait et maman qui essayait d'épargner son ego en le couvrant de compliments sur la force de son cerveau, qui, après tout, était un muscle aussi...

À l'hôpital, j'arrêtai de rigoler. Abdel était entre la vie et la mort.

Maman essaya de m'empêcher d'écouter mais j'ai l'ouïe d'un chien, quand je veux. J'entendis sa conversation avec une infirmière qui elle-même tenait l'histoire d'un gardien de la paix.

Dans la buanderie, il avait été surpris par un homme, que maman identifia comme le « psycho », l'homme à tout faire qu'employait le couple. Ce dernier était reparti, puis revenu avec un marteau. Il avait frappé plusieurs fois Abdel à la tête, le laissant pour mort. Après un temps indéterminé, ce dernier s'était réveillé, avait réussi à ouvrir son téléphone portable et à appeler des secours. La police l'avait trouvé allongé, baignant dans son sang.

C'était donc ça le résultat du jeu : le Psycho, avec le marteau, dans la buanderie.

Nous le trouvâmes endormi dans sa chambre, un énorme bandeau lui entourant le front. Il était tout propre, dans un environnement tout propre. Des draps blancs, une taie d'oreiller immaculée, des couvertures comme il aimait les voler. Une infirmière attentionnée avait rangé ses affaires dans l'étagère. Elle passa et nous prévint qu'ils avaient gardé les papiers importants et l'argent au bureau parce que les chambres n'étaient pas sûres.

Je ressentis une sombre colère en pensant que des gens venaient dépouiller les pauvres malades qui dormaient là.

Et puis, nous veillâmes sur lui, chacun notre tour. Y compris des amis de l'association. Un près du lit. Les autres allaient à la cafétéria, ou au kiosque, acheter des madeleines, un livre.

Il dormait.

Lui qui était insomniaque...

Il était calme. Presque mort.

Je lisais, je le regardais, je lisais, je le regardais.

Il se réveilla. Il avait une tête de déterré, mais il sourit : « Ma princesse. »

Un hématome s'était formé dans son crâne. Il pouvait y avoir des séquelles. En fait, des séquelles physiques, il n'y en eut pas, sauf une : il a toujours sur le front une marque carrée, correspondant à la surface du marteau. Mais des séquelles psychologiques, oui, il y en eut. Cette tentative de meurtre, nous la sentîmes présente pendant des années. À chaque fois que nous voyions Abdel, il avait ce petit air fataliste et un peu triste. Une partie de son panache avait été arrachée par la masse qui avait fendu son crâne. Il était un survivant.

À un moment, alors que nous veillions sur Abdel, un officier de police judiciaire vint nous interroger.

Au début, je lui trouvai une tête de braqueur.

Pas tout à fait bien rasé, un blouson de cuir épais, une démarche lourde, l'œil fouineur. Puis il sortit sa carte et nous nous mîmes au garde-à-vous, surtout moi.

Il était quand même vachement grand, et costaud. Et une belle gueule en plus :

– Police judiciaire. Vous êtes madame Goldman ?

– Oui.

– On peut discuter ? Il va comment ?

– Pas fort…

– Quel lien avez-vous avec la victime, madame ?

– Je fais partie d'une association d'aide aux sans-papiers. Je m'occupe d'Abdel depuis plusieurs années.

Le policier jeta un tout petit coup d'œil vers elle. Pas méchant. Maman le regardait droit dans les yeux.

– Il habite chez vous ?

– Non. Il est SDF.

– J'ai vu qu'il avait été domicilié chez vous un temps.

– Je lui ai fait des certificats mais c'était des faux.

L'officier baissa la tête pour cacher un sourire, puis tâcha de reprendre sur le même ton, volontaire, concentré.

– Savez-vous ce que monsieur Zenati faisait au 102, rue de Sens ?

– Il a été logé là un moment. Par des gens qui y sont propriétaires, monsieur et madame Nevers.

– Quels rapports les liaient ?

Maman raconta, y compris l'épisode du passeport confisqué. Lui ne dit rien, il réfléchissait. Je sortis du rang.

– Vous pensez que c'est eux, hein ?

Il me regarda, surpris, curieux.

J'ajoutai :

– Le psycho qui a frappé Abdel, c'est pas une lumière. Il n'avait pas de gros contentieux avec Abdel, surtout qu'il venait de partir. Alors, c'est eux qui l'ont poussé à aller le tuer.

Il ne dit rien, mais il eut un sourire amusé. Il me sonda du regard, puis se leva en refermant le calepin où il avait pris des notes. Il dit à ma mère qu'il l'appellerait pour qu'elle vienne faire une déposition et il se tourna vers moi :

– T'as quel âge ?

– Dix ans.

– Dix ans ! La vache !

Il était impressionné.

De mon côté, j'avais appris, sans doute un peu précocement, une chose importante : ce qui peut porter les gens à tuer peut être totalement impalpable, minuscule. Ce n'est pas forcément l'argent, ni la jalousie ni la peur. Un orgueil à peine écorché, un désir inassouvi, une blessure qu'on peine à nommer tant elle paraît anodine peuvent suffire.

J'appris aussi que ces questions me passionnaient. Demain, je voulais être le beau et grand policier. En fille.

Je relevai les yeux vers maman. Il m'était brusquement venu une idée pour lui expliquer comment avait grandi en moi l'idée de devenir policière, une idée qu'elle comprendrait peut-être. Cet espoir chassa quelques instants la conscience du danger qui s'était soudain manifestée en moi :

– Maman, tu te rappelles quand Abdel a pris son coup de marteau sur la tête ?

– Ce que je ne comprends pas, dit maman, c'est pourquoi tu as envie de cette vie. Tu te rends compte qu'être policier, c'est entendre tous les jours des histoires tristes et révoltantes ? C'est découvrir le corps de vieilles dames mortes toutes seules chez elles, écouter des enfants battus par leurs parents, c'est noter en procès-verbaux la violence du monde.

– Et papa ? Il est infirmier dans un service de cancérologie ! Il voit des gens mourir sans arrêt. Des fois il s'occupe d'eux pendant des mois avant de les voir disparaître.

– Ça le fait souffrir, ma chérie.

– Et pourquoi il le fait, alors ?

– Parce qu'il le fait bien et parce qu'il a besoin de se sentir utile.

– Je ne sais pas pourquoi, maman, mais je pense à ces choses violentes. Et je préfère y penser en agissant que sans rien faire.

– On t'a trop couvée, peut-être, on a trop cherché ton bonheur, on t'a trop gardée à l'abri. Maintenant tu es attirée par ces trucs… morbides.

– Vous m'avez très bien élevée. Franchement.

– Alors pourquoi ?

– Parce que je vois le mal. Vous, papa et toi, vous ne le voyez jamais. Vous ne percevez que le bon côté des choses et des gens. Pour vous, le verre est toujours à moitié plein. Et les gens sont a priori aimables et gentils. Il en faut beaucoup pour que vous commenciez à désespérer de quelqu'un. Et c'est une qualité, je t'assure ! Si tout le monde était comme vous, on n'aurait pas besoin de rêver du paradis. Il serait ici. Mais cette gentillesse vous rend un peu aveugles aussi.

– Tu trouves ?

– Tu as vu avec Abdel…

– Tu trouves qu'il est… malfaisant ?

– Non, je l'adore. Mais il a fait un million de conneries. Et la plupart du temps, tu n'as rien soupçonné. Tu te rappelles, l'histoire du Subutex… Si j'avais pas ouvert ce sac…

J'avais douze ans. Pour Abdel, les choses avaient repris leur cours. La rue, l'HP, la préfecture… Le médecin de l'administration avait donné un premier avis négatif à sa demande de régularisation pour folie, mais le psychiatre qui le suivait à Charenton le soutenait, et maman faisait des recours.

Depuis quelque temps, Abdel avait la super cote auprès de moi. C'est simple, il ne venait plus à la maison sans une caravane de cadeaux. Pas du vieux, du neuf, emballé dans des papiers chatoyants et décorés de petits nœuds. Un kit de biologiste avec microscope, un exemplaire d'*Eragon*, une montre. Une DS Nintendo – maman ne savait même pas ce que c'était.

Quand maman disait « merci », ça donnait quelque chose comme ça :

– Je te remercie, Abdel, c'est vraiment très gentil. Mais tu n'es pas obligé. Tu as déjà suffisamment de problèmes d'argent comme ça... Ou d'autres problèmes. Il ne faudra pas que tu prennes des risques qui pourraient remettre en cause les papiers...

Réponse d'Abdel sur la thématique : « C'est rien, juste un petit cadeau. »

– Mais je les ai pas volés, Irène ! Je les ai achetés !

Question de maman sur le mode « Mais si, quand même, c'est un beau cadeau » :

– Je ne dis pas que tu les as volés ! Mais l'argent, il vient d'où ?

Re-réponse d'Abdel sur le mode « De rien, ce fut un plaisir » :

– L'argent je l'ai gagné !

– En faisant quoi ?

Là, Abdel dut réfléchir : il avait un peu de mal à se rappeler quel métier il exerçait. Mais soudain il eut une illumination :

– De la peinture sur des chantiers !

Ma mère, agacée, essaya de se maîtriser.

– Eh bien, à six euros de l'heure, je crois que tu ferais mieux de garder ton argent.

– Oui, mais ça me fait plaisir de vous offrir des trucs.

Malgré ses doutes manifestes sur le mode d'acquisition des cadeaux, maman accepta de changer le sujet de la conversation.

– Un sucre dans ton café, c'est ça ?

Abdel est la seule personne pour laquelle maman fait du mauvais café. Elle-même ne se prépare jamais autre chose qu'un expresso, avec sa cafetière italienne. Mais Abdel n'aime que les granules qu'on touille en versant l'eau de la bouilloire dessus. Les bonnes choses, il faut s'y habituer, aussi.

Nous étions donc là, tous les trois. Chacun humait, au-dessus de la table, maman son expresso, Abdel sa lavasse et moi un chocolat. On rêvait. Et Abdel rêvait tout haut :

– J'ai un copain. On va monter un deal ensemble. Je mets deux mille euros et lui aussi, et avec ça on achètera des survêtements, on fera les marchés. Ça rapporte bien…

Un quart d'heure plus tard :

– On aura un yacht. Non, deux. Un pour moi, et un pour vous. On naviguera en Méditerranée. Il faudra acheter une maison, avec une piscine. À Malte par exemple, ou aux Bahamas. Ce sera la belle vie.

Pour résumer, la belle vie pour Abdel était une addition simple : « yacht + villa + piscine + soleil + nous, dans un paradis fiscal ».

D'ailleurs, c'est ce dernier élément qui me mit la puce à l'oreille. Ainsi qu'un indice auquel maman n'avait pas prêté attention car ses propres goûts ne lui permettaient pas d'apprécier l'effort : Abdel portait des costumes. Oh, ce n'était pas du Gucci. Pas même du Hugo Boss. Non, c'étaient des costumes vert menthe, bleu-gris, orangé, en nylon peut-être, des ensembles ni tape-à-l'œil comme ceux des gangsters de *Scarface*, ni élégamment noirs comme ceux des mafieux du *Parrain*. Mais aucun type honnête n'aurait porté ce genre de trucs. Et aucun mec sensé, vivant dans la rue, n'a de raison de s'expatrier dans un paradis fiscal…

Il y avait de l'argent sale dans la vie d'Abdel.

Je prétextai une envie de faire pipi pour aller fouiller ses poches (un geste peu glorieux, certes, mais ma curiosité est dévorante). Dans la veste du costume couleur saumon, je trouvai plusieurs billets de cent euros et des préservatifs. Je replaçai immédiatement l'ensemble. Au pied du portemanteau, le sac de sport d'Abdel me faisait des clins d'œil : « Vas-y, petite Alice. Zyeute un peu. Y a de l'info à dégotter. » C'était si gentiment demandé… En plus, le chat aussi était intéressé. Il n'arrêtait pas de renifler la fermeture Éclair.

J'ouvris le sac sans faire de bruit, Gandhi (le chat) et moi plongeâmes la truffe entre les pans et découvrîmes plein de boîtes de médicaments.

Oh, Abdel faisait un usage intensif de gélules en tout genre. Mais, là, il y avait quarante boîtes d'une même marque. Du Subutex. Le nom ne me disait rien, mais je le gardai soigneusement en tête. Je refermais doucement la fermeture Éclair quand je sentis une présence dans mon dos.

– Gandhi ! Arrête de faire pipi sur tout ce qui est posé par terre ! dis-je pour donner le change.

J'attrapai le chat et le rejetai vers la litière de la cuisine, comme si je l'avais surpris à deux gouttes d'inonder les affaires de notre invité. Puis je jetai un coup d'œil en arrière.

C'était maman.

– Alice ?

– Je suis arrivée à temps !

Elle m'observait d'un air sévère. Dans un instant, une céleste colère allait s'abattre sur moi. Une fraction de seconde avant la punition fatale (ça sentait la privation de dessert), j'attrapai le sac.

– Il ne faut pas le laisser par terre, sinon Gandhi va recommencer.

Plusieurs boîtes s'échappèrent et s'étalèrent sur le sol. Aussitôt, le regard de maman fut aimanté par les boîtes. Je vis son visage se fermer. Ça allait barder. Soit pour moi, soit pour lui.

– Alice, va dans ta chambre, dit maman d'une voix blanche.

Je soupirai intérieurement. Le maternel courroux allait écheveler quelqu'un d'autre.

Dès qu'elle fut repartie vers le salon, je me plaquai contre le mur, j'avançai sur la pointe des pieds, puis me glissai dans le placard à balais de l'entrée. Je me tins immobile, retenant mon souffle.

« *Procès-verbal de confrontation entre les témoins*

Irène Goldman,

née le 21 septembre 1969, à Paris 12,

bibliothécaire,

demeurant au 23, impasse de la Baleine, 93100 Montreuil

et

Abdel Zenati,

né le 21 septembre 1969, à Alger (Algérie),

artisan-peintre (par exemple)

demeurant au 23, impasse de la Baleine, 93100 Montreuil (selon des documents falsifiés)

Objet : Saisie, suite à un dégât des eaux, d'une cargaison de Subutex conservée dans un sac Adidas de contrefaçon.

Transcription des échanges :

I. Goldman : C'est quoi, ça ?

L'individu Zenati reste aphone douze secondes d'affilée.

I. Goldman : Je répète : C'est quoi, ça ?

Note de l'officier de police judiciaire, Alice Goldman : Malgré ce que laisse penser son ton, Irène Goldman n'est pas un membre de la force publique.

Abdel Zenati : Euh… Des médicaments.

I. Goldman : Tu me prends pour une conne !

Abdel Zenati : Je vais t'expliquer… Mon hernie me fait beaucoup souffrir.

I. Goldman : Tu as mal au dos et donc tu as décidé de transporter un sac entier de Subutex ?

Abdel Zenati : C'est pour des copains.

I. Goldman : Ils ont demandé du Subutex au père Noël ?

Abdel Zenati : Tu ne devrais pas te mêler de ça.

I. Goldman (787 décibels) : C'est toi qui me mêles à tes affaires, Abdel ! Elles sont chez moi, ces boîtes ! Des dizaines de boîtes d'un produit que tu ne peux pas avoir acquis légalement. C'est pas pour ton usage !

Abdel Zenati : Non, non, non… Je ne suis pas un méca.

I. Goldman : Quoi ?

Abdel Zenati : Un camé, quoi ! Un tox !

I. Goldman : Je préférerais mille fois que tu sois toxicomane plutôt que dealer !

Abdel Zenati : Je ne suis pas dealer…

I. Goldman : Non ? Et ces boîtes, c'est pour quoi ? Tu fais collection ?

Abdel Zenati : Hum…

I. Goldman : Non, parce que si tu veux absolument commencer une collec, j'ai tout un tas de vieux timbres !

Abdel Zenati, enthousiaste : Ah ouais ? J'adore les timbres !

I. Goldman : Arrête de faire le con !

Abdel Zenati : Mais c'est toi qui…

I. Goldman : Figure-toi que j'ai une idée précise de ce à quoi sert ce médicament ! Je fais partie des gens qui se sont battus pour que les toxicomanes puissent y accéder et soigner leur dépendance avec…

Abdel Zenati : Franchement, moi, à mon avis, ce médicament, c'est de la daube…

I. Goldman : Merci, docteur Zenati, de votre avis, mais il va falloir plus de diplômes pour m'impressionner !

Abdel Zenati : Irène…

Irène Goldman : Irène quoi ? Irène, elle devine très bien la combine : tu fais le tour des médecins avec plusieurs cartes vitales. Tu te fais prescrire des dizaines de boîtes et ensuite tu vas les revendre dans la rue à des toxicomanes en manque. Au passage, tu fais payer par la sécurité sociale les produits que tu revends.

Long silence. Cette interprétation n'a aucune valeur légale mais l'officier de police judiciaire Alice Goldman interprète ainsi ce silence : le suspect Zenati est époustouflé par la clairvoyance de son interlocutrice ; il cherche désespérément, et en vain, un bobard à opposer à l'hypothèse logique sus-énoncée.

Abdel Zenati : Bon, tu sais, j'ai besoin d'argent.

I. Goldman : J'en ai rien à foutre, Abdel, que tu aies besoin d'argent ! Que tu voles des couvertures ou de la nourriture, OK, que tu fasses la manche…

Abdel Zenati : Ça, jamais !

I. Goldman : Tu préfères dealer que faire la manche ! Tu te rends compte que tu te sers de gens malades ! Tu arraches du fric à des gens encore plus fragiles que toi ! C'est dégueulasse !

Abdel Zenati : Mais Irène, c'est que des tox ! C'est des abrutis, je te jure ! Si tu les voyais…

Le témoin Irène Goldman semble sur le point de se saisir d'une chaise pour l'abattre sur le crâne (chauve) du suspect. Ce qui constituerait une infraction.

I. Goldman : Sors d'ici ! Pars avec tes saloperies ! Je ne veux plus jamais te revoir !

La porte d'entrée s'ouvre largement. Abdel Zenati est prestement expulsé de l'appartement. Deux à trois secondes plus tard, un sac de sport s'envole et lui heurte la poitrine. Aucune plainte ne sera déposée.

Ainsi finirent ma première fouille et ma première planque. J'appris que les cadeaux d'Abdel, mon *Eragon* et mon microscope, étaient financés avec un trafic de médicaments. Par rapport au vol de couvertures, il avait passé plusieurs échelons dans l'échelle de la criminalité (et il allait faire encore mieux).

Après ça, nous ne vîmes plus Abdel pendant quatre mois. Un jour, il revint, en promettant qu'il avait mis fin à ses sombres activités, qu'il ne ferait plus jamais une chose pareille, « Irène, je te jure ». Maman pardonna. « Il n'a plus de famille, ses amis sont des compagnons de galère, nous sommes le seul élément stable dans sa vie. » Même papa en convint.

Moi, j'en tirai la conclusion que je pouvais me fier à mon instinct. Enfin, non, pas l'instinct. Je ne crois pas à l'instinct. Je ne crois qu'à la déduction, fût-elle inconsciente, automatique. Mon maître, c'est Sherlock Holmes. Des fois, je me dis qu'il y a anguille sous roche. Ce n'est pas mon cœur qui me le dit. C'est un raisonnement. Seulement, il y a des gens, leur alignerait-on toutes les preuves du monde, ils n'y verraient que du feu. Moi, chance ou malchance, je perçois ces indices qui disent que le mal nous entoure et que c'est un combat sans fin de s'y opposer.

– Il faut des gens pour faire le bien, dis-je à maman, après avoir avalé une bouchée du délectable muffin, et d'autres pour les empêcher de faire le mal.

– Tu ne crois pas que c'est une manière un peu simpliste de voir le monde ? Et la police en particulier ?

– Si, reconnus-je.

Mais brusquement je me tus.

Deux silhouettes avançaient sur le trottoir, l'une tenant la seconde dans son ombre, deux formes fuyantes et pourtant décidées. Elles glissaient le long de la façade, rapidement, suivies d'une turbulence maléfique. Tout de suite, je sentis l'air s'épaissir. Mon souffle se bloqua dans mes poumons. Une onde traversa la verrière, traversa la salle, engloba Gene Kelly et Cyd Charisse, percuta les murs et les fit trembler. Le Mal avançait. Je remarquai que le Russe mangeait sans rien regarder, rien sentir, paisiblement, croquant avec allégresse dans un muffin, alors que le brownie n'était qu'à moitié dévoré. Il semblait ignorer cette vague de violence montante, alors que je me voyais envahie, étranglée. Lorsque les deux ombres passèrent juste devant nous, de l'autre côté du verre, un froid glacial me transperça. Elles effacèrent le soleil au point qu'il sembla que la Terre n'avait jamais été réchauffée par ses rayons, qu'elle n'avait jamais connu que des glaciers et des vents rugissants. Les poils se hérissèrent sur ma nuque. Mon corps couvert de givre n'aurait pas été plus transi. Et quand je vis les formes noires fondre sur la porte, mes pieds s'enfoncèrent dans le sol. Ils étaient lourds comme le béton, mes mains, mes bras, tout autant. Je ne pus qu'observer, terrorisée, les battants s'ouvrir et l'un des hommes entrer.

Son complice resta dehors, aux aguets, tandis que le « petit Marocain » pénétrait dans la salle. L'arme était déjà visible. Il l'avait sortie de sa poche. Je fis plus tard des recherches sur Internet pour identifier ce pistolet. C'était un Glock, entièrement brun car fabriqué en polymère, d'une forme râblée, des stries près du chien, un pontet rectangulaire avec une pointe – pour ceux à qui ça ne parle pas, je dirais que c'était un objet effrayant, dont la simple apparition était promesse de souffrance et de sang, qu'il absorbait autour de lui toute trace de joie, de vie, d'espoir, qu'il fonctionnait comme une étoile magnétique, un pulsar, ou comme un trou noir : autour de lui, la matière s'affaissait, se contractait, se tordait. La réalité s'altérait, et notre âme avec elle. Même ma mère, qui tournait le dos à la scène, se figea soudain, comme si sa conscience était brusquement alertée, attirée, bouleversée par la présence de l'arme. Elle se retourna pour comprendre ce qui avait provoqué ce choc.

Le Marocain observa la pièce, s'attarda sur ma mère et croisa mon regard. Brusquement je fus saisie par une panique absolue. Et si ce n'était pas le Russe, mais nous, que cherchaient ces tueurs ?

Ce qui introduisit cette terreur en moi était

double. Pourquoi ne tirait-il pas ? Pourquoi ne marchait-il pas directement sur le Russe pour l'abattre ? Ce dernier en effet s'était levé en criant *« chto ? »* et en renversant sa table. Dans un fracas chromé, son plateau avait volé et heurté le sol, les gâteaux s'étaient dispersés sur les carreaux bleus et roses, le verre du milk-shake avait explosé, son contenu se répandant mollement entre les débris. Avec son corps lourd mais souple, le parrain s'était tout de suite esquivé. Il avait contourné la vitrine réfrigérée et se précipitait vers la porte de la cuisine. Alors pourquoi cet homme armé gardait-il les yeux fixés sur ma mère et moi ?

Je pensai à un événement récent. Le plus grave qu'avait engendré la présence d'Abdel dans notre vie – le plus grave pour nous, du moins.

Quelques semaines plus tôt, j'avais remarqué ce type d'indices qui rappelaient le temps du trafic de Subutex : l'inflation des cadeaux en particulier. D'habitude, c'était une barquette de dattes, algériennes, bien sûr – toutes les autres sont mauvaises. Quand il était en fonds, on avait droit à des pâtisseries arabes, enfin algériennes, et des livres usagés. Là, une nette inflexion se fit sentir : d'abord des montres. D'accord, elles étaient turquoise avec de faux diamants, mais quand même, c'étaient des montres. Puis des foulards. Des fleurs. Des plantes en pot. Un dictionnaire des synonymes (une idée typique d'Abdel qui a une haute opinion de la culture générale). Un dessous-de-plat. Un jour, Abdel arriva avec un grille-pain. Il avait remarqué que celui que nous utilisions, antédiluvien, risquait plus de cramer la maison que les tartines. Maman protesta, papa protesta aussi, Abdel insista. C'était pas un cadeau, c'était une mesure de sécurité. Désormais, il avait le sourire quand il venait chez nous : il guettait notre enthousiasme à l'ouverture des paquets. Une encyclopédie de la mythologie grecque. Une sucrière. Un grattoir pour chat. Un DVD sur l'histoire des États-Unis. Un shaker. Une tirelire. Qu'est-ce qui se passait ? Un MP3 ! Là, je commençai à trouver que ça devenait très flagrant. Même maman avait des soupçons.

Surtout qu'il y avait inflexion chez Abdel lui-même. Il se tenait plus droit, il était plus sûr de lui. Il mettait du déodorant. Il était logé en « sous-location » à Barbès. Donc il payait un loyer. Il nous expliqua qu'il travaillait sur des chantiers (chanson déjà entendue) et qu'il pouvait donc nous gâter. Toutes mes alarmes internes sonnaient à m'en exploser les tympans. Qu'est-ce qui se passait ? Je montai une souricière.

C'était un piège astucieux. Il exploitait l'une des causes de crispation entre maman et Abdel : la religion, parce que Abdel avait un côté prosélyte qui exaspérait ma mère – surtout de sa part, lui dont les convictions restaient indistinctes. La question religieuse était donc un terrain miné, or Abdel déteste contrarier maman. C'est sur cette corde sensible que je comptais jouer pour le faire craquer.

Ce jour-là, il vint avec une corbeille de fruits somptueuse et une édition de luxe des poèmes de Verlaine. Maman protesta : « Mais comment as-tu eu ça ? » Ils entonnèrent pendant cinq minutes leur partition de « Merci beaucoup, Abdel, mais tu sais que je ne veux pas que tu aies d'ennui » – « Je te jure, Irène, je ne l'ai pas volé ! » avant que maman abandonne et parte préparer le café. Pendant ce temps, je prétendis à Abdel que je voulais lui montrer la bonne note que j'avais reçue pour un devoir de maths (il est méga fort en maths). Je le fis entrer dans ma chambre où j'évoquai, l'air de rien, ma tragédie du moment : mon ordinateur était tombé en panne. Je tapai désespérément sur la touche « power », sans que mon écran ne frémisse, ne serait-ce que d'une étincelle (et pour cause : je l'avais débranché). Abdel mordit à l'hameçon dans le quart de seconde.

– T'as besoin d'un nouvel ordinateur ? Dis-moi quelle marque il te faut ?

– Je voudrais bien un Acer portable, avec wifi, un disque dur de 320 gigas et un bon processeur.

– Passe-moi de quoi noter et je t'apporte ça la semaine prochaine…

Je croisai les bras sur ma poitrine et le regardai droit dans les yeux.

– Alice, qu'est-ce qu'il y a ? murmura-t-il.

– Ce serait plutôt à moi de poser la question. D'où tu sors tout cet argent ?

– Non, non, j'ai pas d'argent ! C'est juste des copains qui revendent des choses pas chères. Je peux acheter un ordinateur pour 25 % du prix…

– Abdel ! J'ai l'air d'une débile ?

– Mais Alice !

– T'as trois secondes pour répondre. Après je fonce voir maman et je lui dis que tu essayes de me faire prendre des cours de catéchisme avec ton copain Amine !

– Mais c'est pas vrai !

– Tu mens, je mens. C'est simple.

– Alice… J'ai jamais essayé de t'embrouiller avec la religion…

– Maman ! criai-je à tue-tête.

Abdel devint livide et se mit à chuchoter fébrilement :

– Tu veux quoi ? Qu'est-ce que tu veux que je te dise ?

Maman apparut dans l'encadrement de la porte.

– Qu'est-ce qui se passe ?

– Je crois qu'on n'a plus de croquettes pour

le chat. S'il n'a pas de croquettes demain matin, il va nous faire un barouf…

– Il y a un sac de croquettes sous l'étagère… Et puis ne crie pas comme ça si ce n'est pas urgent !

Elle disparut. Abdel s'essuya le front avec un mouchoir. Il transpirait toujours beaucoup. Mais là, c'était pire.

– Tu veux que je dise quoi ? demanda-t-il, le souffle court.

– On n'a pas le temps, là. Mais je veux toute la vérité sur comment tu gagnes ton argent.

Je lui donnai rendez-vous au café-PMU, le Rosa-Luxembourg (celui qui est en face du Muffin Palace).

Il était arrivé avant moi, dans son costume de représentant en sacs pour aspirateur ou de coupe-tomates (veste croisée à carreaux, des boutons plaqués or, sur une chemise à rayures). Quand j'entrai, il était en train de remplir une grille de PMU, un Quinté ou un jeu de pronostics de ce genre. Du coin de l'œil, il surveillait une course qui passait sur l'écran de télévision. À son aisance, les pieds plantés au milieu de dizaines de tickets de pari abandonnés, je devinai qu'il avait l'habitude de jouer. Quand il m'aperçut, il écrasa sa cigarette comme s'il était pris en faute (au Rosa-Luxembourg la législation anti-tabac n'est pas appliquée) et me sourit avec appréhension.

– Ma princesse, dit-il malgré tout quand je vins lui faire la bise.

Nous allâmes vers les banquettes du fond, des banquettes en skaï marron. Une tête de sanglier empaillée était vissée au mur juste au-dessus de nous et semblait écouter notre conversation. Je commandai un Schweppes Light et lui une bière. Il regardait à droite, à gauche, ne sachant visiblement que dire. J'attaquai :

– Ben, alors, vas-y, explique.

– J'explique quoi ?

– L'argent. C'est quelle combine ? Tu vends du Subutex à nouveau ?

– Non, non, pas du tout. Non, j'ai promis à Irène, plus jamais je ne dealerai.

– Ben tu fais quoi, alors ?

– Si je te le dis, tu promets de ne rien dire à ta mère ?

Je devinai que souvent un interrogatoire commençait à être fructueux quand on entamait ce genre de négociations.

– Je ne dirai rien à maman si ce que tu fais ne risque pas de lui tomber sur la gueule.

– Tu déconnes ou quoi ! Jamais je ferais quelque chose qui puisse vous attirer des ennuis !

– Alors OK. Raconte !

Il soupira, inspira fort et se lança :

– Alors, voilà. Je fais partie d'une bande.

– Une bande de quoi ?

– Oh, y a des mecs d'un peu partout. Les

chefs, c'est des Algériens. Mais il y a aussi des Maliens, des Sénégalais…

– Je ne te demande pas d'où ils viennent mais ce qu'ils font.

Il hésita, me jeta un petit coup d'œil pour vérifier qu'un bon mensonge ne ferait pas l'affaire puis, croisant mon regard, décida que la vérité seule sonnerait assez vrai pour passer mon détecteur.

– Ils volent des chéquiers.

– Comment ?

Abdel eut un petit sourire, un sourire fugitif, mais qui trahit une chose que je ne lui connaissais pas : le goût du travail bien fait. Ce plaisir s'exprima ensuite encore dans l'espèce d'excitation qu'il eut à raconter son histoire.

– Eh bien, chacun a son taf. On a deux gars qui travaillent comme intérimaires à La Poste. Ils repèrent les enveloppes remplies de chéquiers. C'est facile. C'est des enveloppes envoyées par une banque et qui ont une certaine épaisseur. Ils en prennent une de temps en temps, mais rarement pour qu'on ne puisse pas remonter jusqu'à eux. L'astuce, c'est que le chéquier est volé à un moment où il n'appartient encore à personne.

– Comment ça ?

– Ben, le destinataire, qui possède le compte, n'a pas reçu le chéquier. Donc légalement il n'est pas responsable de ce qui arrive et de l'usage qui est fait de ses chèques. Tu comprends ? Même si on fait des chèques avec son chéquier, l'argent devra lui être remboursé par la banque.

– Tu n'es pas en train de m'expliquer que c'est du « bon vol » ?

– Si, quand même… un peu… Ça ne lèse personne.

– Un vol qui ne lèse personne… Si tu voles une pomme, OK, mais des chèques ! Continue.

– L'autre avantage du vol à La Poste, c'est que le propriétaire du chéquier met beaucoup de temps à réagir. En général il attend son chéquier en râlant que La Poste est super lente, voire il a plus ou moins oublié qu'il attendait ce chéquier et il met trois semaines à se dire : « Tiens, j'aurais pas dû recevoir un chéquier ? »

– Ou alors il s'en rend compte quand il voit qu'on lui a débité un chèque qu'il n'a pas fait.

– Voilà. Le chéquier n'est pas signalé volé avant longtemps, donc il n'est pas dans la liste de la Banque de France.

– D'accord. Et vous, vous faites quoi avec les chéquiers ?

– Ben, d'abord on a un pote qui bosse dans une grosse librairie universitaire, la librairie Bossuet à Nanterre. On va avec les chéquiers dans cette librairie, on achète des livres et le copain vérifie alors que les chéquiers n'ont pas été signalés comme volés sur le site de la Banque de France. Si jamais le chéquier a été signalé, on rend les livres.

– Dis donc, le dictionnaire des synonymes et l'encyclopédie de la mythologie grecque, tu les as achetés à Nanterre ?

Il rougit violemment.

– Non, non…

Il mentait comme un arracheur de dents mais il faut savoir passer sur les petits délits pour se concentrer sur les gros.

– Et donc ?

– Quand on est sûrs que le chéquier est « propre »…

– C'est le mot…

– Ouais, bon… On fait faire un passeport et une carte d'identité au nom du propriétaire du chéquier.

– Pourquoi les deux ?

– Parce que pour les gros achats il faut deux pièces d'identité.

– Et qui les fait, les faux papiers ?

– Un faussaire de Montmartre.

– Il y a des faussaires à Montmartre ?

– Plusieurs, mais lui, c'est un Bulgare, il est super bon. C'est le meilleur. Donc on fait les papiers, et on met dessus la photo de l'acheteur.

– Donc, c'est ta pomme sur les papiers ?

– Ben… Comment… Oui, c'est ma photo ! Comment tu sais ?

Je ne répondis pas. Logiquement, dans

l'équipe, la place la plus dangereuse était celle de l'acheteur qui se rendait dans les magasins avec les faux papiers et qui, s'il était démasqué, se retrouvait tout seul dans la gueule du loup. Et qui, vraiment qui, se verrait attribuer cette place pourrie qui semblait un billet garanti pour la prison, sinon notre Abdel national ? Je ne répondis pas.

– Bref, tu as les faux papiers et le chéquier. Tu fais quoi ?

– Je fais le tour des Darty, des Carrefour. J'achète du gros électroménager, des ordinateurs, des écrans plats, des berceaux, des meubles pour chambre d'enfants, des canapés, enfin tout ce qui est cher. On emporte. Ensuite, on revend tout en banlieue à 50 % du prix.

– Comment ça, en banlieue ?

– Ça dépend… Chez des brocanteurs, chez des marchands d'électroménager, chez un gars qui a un box dans une cité, dans des marchés des fois, ou avec un camion qui tourne…

– Et toi, ta partie, c'est comment ?

– C'est dur. Quand on achète autant de trucs, le vendeur du magasin, il pose plein de questions. Quel travail tu fais ? Combien tu as d'enfants ? Qu'est-ce qu'elle fait ta femme ? Où tu déménages ? Il faut une histoire à laquelle ils croient.

– Tu dis quoi ?

– Je dis que je suis pâtissier.

Pâtissier. Quand il escroquait Darty, Abdel racontait son vrai rêve. Depuis son expérience dans la restauration, il n'y avait qu'un métier qui le faisait rêver. Faire des gâteaux. J'étais sûr qu'il n'en parlait pas à ses potes de la bande. Mais pour voler, il disait la vérité, ou presque : la vie qu'il aurait voulu avoir.

– Après je dis que j'étais ouvrier, que je passe chef d'équipe, que j'ai eu une prime grâce à ça. Et puis, que ma femme est enceinte de notre troisième enfant… Enfin, des choses comme ça.

Des choses comme ça.

– Le problème, expliqua-t-il, c'est que si le propriétaire du chéquier s'appelle Pierrick Prigent, eh bien, le vendeur…

– Il se dit que le Breton a flashé sur une Algérienne qui avait des gènes très dominants…

– Ouais, franchement, j'ai pas une tête de Breton ou d'Alsacien.

C'est sûr. Sans compter la marque de marteau sur le front. Je l'imaginais avec sa veste à carreaux et les perles de sueur qui gonflaient sur son front marqué. Le vendeur devait avoir une double conjonctivite pour ne rien soupçonner.

– Bon, et avec tout ça, ils te payent combien, tes potes ?

– 10 % des bénéfices.

– 10 % du bénef ! Alors que c'est toi qui prends tous les risques !

– Je prends ce qu'on me donne ! Tu sais, les mecs qui dirigent, c'est pas des marrants ! Vraiment pas. C'est des mecs dangereux. Moi, je ne discute pas avec eux.

Et il ajouta en rigolant :

– Je suis le prolo des escrocs.

– Et moi, je ne suis pas ton avocate, mais je te le dis : tu prends un max de risques, et tu vas te retrouver en prison. Et après la prison, ils te renverront par le premier avion en Algérie.

– Non, non, je suis hyper prudent. Si je le sens pas, je me casse tout de suite.

– Ben tiens.

– Écoute, je sais ce que tu penses, mais moi ça fait des années que je suis dehors, que j'attends les papiers. Tout ce temps, je n'ai pas pu manger un couscous si on ne me l'offrait pas.

Je soupirai. Je me contentai de lui interdire les gros cadeaux. Je ne voulais pas que notre maison ressemble à l'entrepôt d'un receleur. Pour le reste, je le mis en garde. Cette histoire se finirait en prison. On pouvait tenir longtemps à faire ce genre de choses, sans « tomber », si on avait avec soi la complice qu'il n'avait jamais eue : la chance. Il rit. Je lui fis remarquer qu'un gars qui avait déjà fait deux séjours en prison, dont un pour un délit qu'il n'avait pas commis, pouvait difficilement s'attribuer une chance insolente. Il allait se faire choper et se retrouver à Fleury, ça ne faisait pas un pli.

– Mais Princesse, tu m'as vu ! Tu as vu comme je vais mieux ?

C'était vrai. Cette affaire de papiers n'en finissait plus. De refus en recours, de nouvelle pièce à fournir en nouvelle expertise psychiatrique, son dossier s'était enlisé. Il était toujours un clandestin traqué. Escroc, c'était presque une promotion.

Une semaine plus tard, j'étais à la maison avec Lola, en train de faire des maths. Pour nous donner du courage, et pour booster notre concentration, on avait mis un CD d'Anastacia. Le téléphone sonna et j'allai décrocher. C'était Abdel. Dès que je l'entendis, sa panique me gagna. Il avait la voix tremblante et il balbutiait :

– Princesse, il faut que je parle à ta maman tout de suite !

– Elle est pas là. Elle est à la bibliothèque.

Je l'entendis gémir.

– J'ai fait une énorme bêtise, Alice.

J'étais terrifiée.

– Qu'est-ce qui se passe ? Tu as tué quelqu'un ?

– Non, c'est pire…

– Quoi ?

– C'était une fois, juste une fois. J'allais chez vous, j'avais plus de batterie. Hassan m'a prêté son téléphone pour que je vous appelle.

J'essayai de retrouver mes esprits.

– Tu as donné notre numéro à un de tes complices ? Et après…

– Ils me cherchent !

– Pourquoi ?

On sonna à la porte.

– Qu'est-ce qui se passe ? demanda Abdel à son tour.

– On sonne à la porte.

– N'y va pas !

– Qu'est-ce que tu as fait ?

C'est alors que j'entendis Lola ouvrir la porte d'entrée. Je sentis une coulée glacée me dévaler le dos. Mon cœur manqua un coup. Le souffle se tarit dans ma gorge. Je restai pétrifiée, guettant les bruits. Mais tout ce qui me revenait était un silence absolu, un silence parfaitement anormal.

Je raccrochai et me précipitai vers l'entrée. Je découvris Lola face à trois hommes. Ils mesuraient tous bien une tête de plus qu'elle, si bien que je pouvais voir leurs visages : grosses mâchoires, air hargneux, yeux vicieux. Franchement, sur un écran, ils m'auraient fait marrer. C'était ça, donc, les patrons d'Abdel. Tout de suite, je remarquai que l'un d'eux avait glissé son pied pour coincer le battant. Lola ne pouvait pas refermer la porte. Mais peut-être était-elle trop terrorisée pour même y songer.

– On cherche Abdel, dit celui de gauche, en s'adressant à moi.

Il était un peu moins grand et plus âgé que les autres. La quarantaine bien entamée.

– Il n'est pas là. Il passe de temps en temps, pas souvent, répondis-je d'une voix étranglée.

J'étais même étonnée de réussir à me faire entendre. J'étais très inquiète pour Lola qui semblait totalement pétrifiée.

– Tes parents sont là ?

– Ils vont revenir du supermarché.

Ce n'était pas vrai. Maman avait une réunion d'un collectif de sans-papiers dans le 13e arrondissement. Papa travaillait une partie de la nuit. On avait prévu de se faire une soirée *Gossip Girl* avec Lola. Mais j'espérais que l'annonce de leur retour les ferait partir.

– Très bien, on va les attendre avec vous.

Là, je compris que c'était grave. J'avais déjà surpris le regard d'un des trois mecs sur les seins de Lola et je ne voulais absolument pas me retrouver enfermée dans un appartement avec ces hommes. Je savais ce qu'il y avait à faire. C'était écrit à la première page de tous les manuels de self-défense : avant tout, je devais crier ! De toutes mes forces, sans arrêt, jusqu'à ce qu'un voisin entende, jusqu'à ce qu'ils aient peur qu'un voisin entende. Il fallait que je crie mais rien ne sortait de mes poumons. J'étais tétanisée par la peur. Je n'arrivais pas à bouger un muscle de mon corps. Je ne pouvais rien. J'étais totalement impuissante.

Le gars au regard vicieux attrapa Lola par le bras et la poussa dans l'appartement. Le chef entra quand…

Une voix monta depuis l'escalier, une voix teintée par un fort accent italien :

– Je vous préviens, la police, je l'ai appelée.

C'était Germaine.

– Ils vont venir et ils vont vous arrêter, bande de saligauds !

Elle déversa, dans la foulée, une logorrhée d'insultes racistes. Le fait est que nos agresseurs lâchèrent Lola et se précipitèrent dans l'escalier, poursuivis par les invectives de notre gardienne, puis par des imitations de grognements de chien (toujours par notre gardienne).

Finalement, son vieux visage ridé apparut dans l'encadrement de la porte.

– Ça va ? Ils ne vous ont rien pris ?

Lola et moi, nous pleurâmes dans les bras l'une de l'autre un bon moment, avant de réaliser que le téléphone sonnait encore. C'était de nouveau Abdel, fou d'inquiétude.

– Alice ! Qu'est-ce qui s'est passé ?

– Ils sont venus ! Ils ont failli nous faire du mal ! T'es qu'un connard, Abdel ! Ça aurait pu être grave !

Je ne dis pas : « Ils auraient pu nous torturer, ils auraient pu nous violer. » Mais je le pensais.

– Je vais arranger ça, dit Abdel. Je vais faire ce qu'il y a à faire. Ils ne viendront plus.

Sa voix était solennelle.

– Quoi ? Qu'est-ce que tu vas faire ?

– Ne t'inquiète pas… Je vais juste parler à quelqu'un. Quelqu'un qui a autorité sur eux.

– Et s'ils reviennent, Abdel ? Ils étaient chez nous !

– Ils ne reviendront pas.

Quelques minutes plus tard, une voiture de patrouille se gara en bas. J'entendis la gardienne alpaguer les gardiens de la paix (ils avaient l'habitude, elle les appelait au moins une fois par mois).

– Que des voleurs, si c'est pas possible, un monde pareil ! Ils étaient trois, messieurs, trois, gros comme des barriques, non, mais qu'est-ce qu'on vit de nos jours… La semaine dernière, ils ont forcé la porte d'une cave.

– Qu'est-ce qui vous a fait penser que c'étaient les mêmes hommes, madame ?

– Qu'est-ce que j'en sais ! C'est votre travail ou c'est le mien, d'attraper les voleurs ?

– C'est vous qui…

– Ils ont forcé la porte d'une cave. Il y avait que des saloperies là-dedans ! Ça sert à quoi de casser la porte pour ramasser de la merde ? De la meeerde ! Les locataires, ils mettent n'importe quoi dans les caves…

– Vous avez vu ces trois hommes descendre à la cave ?

– Non ! Je vous dis qu'ils sont montés !

– Ah, ils sont montés ?

– Mais qu'est-ce que vous avez dans les oreilles pour pas entendre ce que je vous dis ? Ils sont montés au troisième !

– Ils sont montés et, là, ils ont fait quoi ?

– Ils sont entrés chez madame Goldman !

– Ils ont forcé la porte ?

– Non, ils ont sonné. Écoutez, montez et voyez avec elle ! Je peux pas tout savoir à votre place ! C'est qui, la police ? C'est vous ou c'est moi ?

– Justement, c'est nous la police. Et il faudrait changer de ton…

– Qu'est-ce que vous me racontez ! Une dame de mon âge ! Et le respect, votre mère, elle vous l'a pas appris ? Non, mais jusqu'où ça ira ? Il y a plus de valeurs, il y a plus de respect, il y a plus de saisons… Pourquoi je vous ai appelés ? Vous allez les attraper, ces voleurs ? Qu'est-ce que vous foutez là, à ne rien faire ?

Même d'ici, j'entendais le cerveau du policier osciller entre exaspération et exhortation à la patience.

– Bon, nous allons monter chez madame Goldman. C'est au troisième, c'est ça ?

– Non mais c'est quoi cette bouse que vous avez dans le crâne, nom d'un chien ? Je vous ai déjà dit que c'était le troisième !

Elle leur claqua la porte de la loge au nez. Ils montèrent. Vivement, je coulai un œil vers

Lola et lui fit signe de me laisser gérer les choses. Je les vis arriver, trois gardiens de la paix avec leur uniforme. Ils étaient super jeunes. On aurait dit des bleus. Le premier avait le visage tout rond, avec des yeux un peu grands, comme un gosse.

– Mademoiselle, police ! Vous pouvez nous raconter ce qui s'est passé ?

– La gardienne vous a pas expliqué ? dis-je innocemment.

– Si, dit-il, d'un air sérieux. Mais on recoupe les informations.

Là, même Lola ne put se retenir de pouffer. Le policier comprit que nous avions entendu la conversation dans la cage d'escalier, il nous observa d'un air agacé et se rembrunit.

– Bon. Que s'est-il passé ?

Voici ce que je répondis : alors que Lola et moi travaillions studieusement sur nos maths, on avait sonné à la porte. J'avais ouvert et m'étais retrouvée devant trois hommes qui prétendirent être des policiers et vouloir fouiller notre appartement. Je répondis que je voulais voir leur carte de police et un mandat de perquisition (je vis tout de suite l'approbation se dessiner sur les traits de nos vrais policiers). Ils commencèrent à prétendre qu'ils étaient sur une enquête très urgente et qu'ils avaient autre chose à faire que sortir des cartes et de la paperasse. Voyant que je ne cédais pas, ils essayèrent alors d'entrer de force. Heureusement, la gardienne était arrivée en criant qu'elle avait prévenu la police et qu'une patrouille arrivait. Les hommes s'étaient enfuis.

Ils crurent ma déclaration. Le jeune gardien m'expliqua qu'il arrivait que des cambrioleurs essayent de se faire passer pour des policiers, surtout auprès des personnes âgées. C'était plus rare avec des jeunes femmes. Il nous proposa à Lola et moi de venir plus tard avec nos parents faire une déposition au commissariat.

Puis ils partirent.

Lola ne comprenait pas pourquoi j'avais menti. Je lui expliquai sans entrer dans les détails qu'Abdel risquait d'avoir des ennuis. Lola me donna tout de suite raison. C'est ça qui est bien avec elle, on n'a pas besoin de discuter des plombes.

Avec maman, ce fut nettement plus coton. J'avais bien réfléchi pendant les trois heures qui nous séparèrent de son retour et j'avais décidé qu'il n'y avait qu'une attitude à adopter : lui dire la vérité, toute la vérité, rien que la vérité (sauf que j'avais fait du chantage à Abdel sur l'histoire du catéchisme. Mais était-il nécessaire d'en parler ?). Donc, quand elle rentra, je lui avouai tout : mon rendez-vous avec Abdel, la combine des chéquiers, la visite des complices, le mensonge à la police (Lola à côté de moi hochait la tête pour approuver mon récit). Maman était sous le choc.

Elle se leva sans rien dire et se rendit dans la cuisine nous faire trois thés tchaï (épices, lait, miel). Quand elle revint, elle se posa sur le canapé près de moi et déclara d'une voix blanche :

– Tu vois, c'est la première fois que je regrette d'avoir aidé quelqu'un. La première fois.

Puis elle se mit à trembler de la tête aux pieds, nous serra dans ses bras et bredouilla :

– S'il vous était arrivé quelque chose, à toi, ou à Lola, jamais je n'aurais pu me le pardonner.

Je précisai que je croyais Abdel, quand il disait qu'il allait arranger les choses. Elle laissa couler quelques larmes puis essuya le reste. Le décret maternel tomba bientôt : plus jamais Abdel dans notre vie.

Jamais.

Bon. Au bout de trois ou quatre appels, cependant, je finis par craquer : j'acceptai de prendre un verre avec lui. Nous nous retrouvâmes au Rosa-Luxembourg. Juste deux jours avant la fusillade du Muffin Palace.

Sagement, il prit un Coca. Moi aussi. Je l'écoutai.

Ce qui devait arriver était arrivé : lors d'un achat avec les faux papiers, un vendeur d'un magasin Darty avait deviné l'escroc derrière la cravate Donald et la veste à losanges.

Ils étaient dans un bureau de vente, destiné aux clients qui demandaient un crédit, au premier étage du magasin. Le vendeur avait pris son téléphone, donné un ordre sous une forme sibylline à un collègue, et avait fait mine de continuer la transaction, mais Abdel avait bien compris qu'il était fait comme un rat. Il s'était mis à suer à grosses gouttes, et quand la porte s'était ouverte sous la poussée de deux vigiles, il avait adopté la seule attitude possible : il avait plongé par la fenêtre. Il avait chuté de quatre mètres sur une pelouse plus chauve que lui, s'était fait mal partout, s'était enfui en courant, laissant ses complices attendre avec la camionnette devant le magasin. Ce n'est que lorsque la police rappliqua que les complices comprirent qu'un incident avait eu lieu et s'éloignèrent à leur tour.

Après ça, il leur annonça qu'il raccrochait. Eux n'étaient pas d'accord. Ils n'avaient pas de remplaçant pour son poste (et pour cause). Abdel avait par ailleurs perçu une « avance sur recettes » et il leur devait donc encore plusieurs « tours ». Abdel avait donc décidé de disparaître. C'est seulement en apprenant que les autres le recherchaient activement qu'il s'était rappelé l'histoire du numéro de téléphone…

– Je te jure qu'il n'y a plus aucun danger, je te le jure, me dit-il d'un œil suppliant au-dessus du café. Je te le jure : j'ai réglé le problème.

Je voulus savoir comment il avait réglé le problème. Il répondit de manière assez floue. Il avait été voir quelqu'un qui incarnait une certaine autorité dans leur milieu, il avait plaidé sa cause et l'Autorité avait accepté d'assurer une médiation, à condition qu'Abdel lui rende un certain service. Le service ne me fut pas décrit et je n'insistai pas. Pour moi, cette fois, seul comptait le résultat : ces salauds ne reviendraient pas chez nous.

Mais peut-être Abdel avait-il échoué. Peut-être avait-il fait une folie qui avait décuplé la colère de ses complices. Peut-être ceux-ci avaient-ils décidé de le punir en frappant ceux qu'ils savaient être les plus précieux à ses yeux. Le Marocain était entré avec son Glock pour envoyer une déclaration de guerre à notre ami. Voilà pourquoi il nous fixait.

Sauf que l'instant d'après, il se détourna et tira. Les déflagrations nous crevèrent quasiment les tympans. C'était un bruit énorme, pénétrant, qui transperçait votre cerveau et se fichait jusque dans votre moelle. La vitrine réfrigérée explosa. Les éclats tintèrent en tombant sur le métal. Plusieurs cadres se détachèrent et se fracassèrent. Maman poussa un cri. Le Russe aussi. Il plongea pour éviter les coups de feu. Tout de suite, je renversai volontairement notre table, bondis par-dessus et attirai ma mère à l'abri. Elle s'effondra à côté de moi, heurtant violemment le pied central de la table. Je passai un bras autour d'elle, et elle autour de moi. Nous nous serrâmes l'une contre l'autre, pendant que les détonations se succédaient, nous faisant sursauter comme des canettes percutées par les balles. Les murs crachaient leurs carreaux, les plafonniers s'abattaient comme des bombes, tout juste entendait-on Adrianna Caselloti fredonner : *« Some day my prince will come. »* Ma mère tremblait, tout en m'étreignant. Je me rendis compte qu'il en était de même pour moi. Je risquai un œil au-dessus du plateau, aperçus le tireur contourner la vitrine. La grosse voix du client russe s'éleva dans l'air : *« Ouchasno ! Ouchasno ! »* Le pistolet claqua encore deux fois. Deux gerbes de sang giclèrent et éclaboussèrent la carcasse maintenant dénudée de la vitrine. Je poussai un gémissement. Le liquide écarlate dégoulinait dans le silence, ou plutôt accompagné par la voix aiguë de Blanche-Neige, et les odeurs de poudre qui saturaient l'air.

Le « Marocain » releva la tête et fit volte-face. J'avais replongé derrière notre pauvre bouclier, à moitié volontairement, à moitié happée par ma mère qui refusait que je m'expose. Nous entendîmes cependant la porte d'entrée s'ouvrir à toute volée. Deux nouvelles détonations vinrent arrêter les battements de nos cœurs et martyriser nos nerfs. Une larme m'échappa. Je claquai des dents. Nous entendîmes la chute d'un corps. Un claquement métallique sur le sol. Blanche-Neige s'était tue et n'attendait plus son prince. Au loin, nous parvenaient des cris, les cris de passants effrayés sans doute. Mais dans la salle, c'était cette fois un silence presque complet, un silence de mort au sens strict. Puis des pas chuintés approchèrent de notre cachette. Lentement. Tranquillement. Nous sentîmes le froid grandir, l'atmosphère se condenser, la même contraction d'atomes, la même rétraction de la matière qu'une minute plus tôt – car il s'était passé, au maximum, une minute depuis l'irruption des tueurs. Et nous fûmes tout à coup dans l'ombre de l'un d'eux.

Il nous dominait de toute sa taille, et de tout le potentiel violent, méphitique qui était le sien. Le second tueur, le grand blond aux yeux froids. Il leva lentement le canon vers nous. Ma mère resta bouche bée, les yeux écarquillés, moi de même, non que je fus paralysée, j'avais simplement conscience qu'il n'y avait rien à faire. Quand l'œil noir du canon fut sur nous, maman murmura :

– Tuez-moi ! Pas elle. C'est une enfant.

Je faillis fondre en larmes. Ma mère également. Je ne voyais pas son visage, je le devinais. Le tueur hésitait. Mais ce n'était pas pour des raisons éthiques. Ses yeux glacés n'exprimaient rien que la concentration. Il évaluait la situation. Pour lui, le meurtre était une question pratique. Il ne tremblait pas, nulle trace de transpiration sur son front ou sur ses tempes.

– Si vous nous tuez, dis-je d'une voix rauque, vous vous mettez la pression. Pour l'instant, c'est un règlement de comptes. Je parie que la police n'en a rien à foutre. Tuer une femme et une enfant innocentes, c'est différent. Si vous tirez, ils vont organiser une chasse à l'homme.

Il me regarda intensément. Je crus voir une esquisse de sourire sur ses lèvres. Mais je peux l'avoir rêvée. Puis brusquement il se redressa, fit une sorte de petit pas chassé et se précipita vers la porte. Nous le vîmes courir le long du trottoir et disparaître. Deux secondes plus tard, la Laguna passa en vrombissant. J'aurais parié que le conducteur, dont les traits restaient cachés dans l'ombre d'une casquette, avait jeté un sac de couchage dans le coffre avant de prendre le volant.

Maman ne bougeait pas.

– Maman ?

Elle était totalement figée, muette.

– Maman ?

Sans se tourner vers moi, elle chercha mon contact, à tâtons, de sa main gauche, et quand ses doigts tremblants trouvèrent mon genou, ils se posèrent, s'agrippèrent à moi. Ce contact me réchauffa et me détendit un peu. Je réalisai que mes muscles étaient contractés et durs comme la pierre. J'avais du mal à les relâcher. Je vis ma mère passer son autre main sur son visage et l'entendis inspirer longuement, puis elle se redressa, difficilement, les jambes cherchant leur équilibre, comme un animal blessé, ses doigts quittant mon genou après plusieurs tentatives infructueuses. Debout, elle observa la salle et, seulement ensuite, se tourna vers moi.

Pauvre maman. Elle avait pris cinq ans en une minute. J'étais certaine que moi-même j'avais dû changer. Elle fit une petite moue qui se voulait un sourire, saisit la main que je lui tendais et la tira pour m'aider à me lever. Moi aussi, j'étais comme un faon qui se dresse sur ses pattes pour la première fois. Je n'étais pas certaine de la manière dont il fallait s'y prendre. Ma mère me serra à nouveau contre elle quelques instants et caressa mes cheveux.

– Ça va, ma chérie ?

Les secours approchaient. Des sirènes convergeaient vers nous. Les clients du café-PMU qui, pour beaucoup, s'étaient planqués derrière les tables et le comptoir, étaient en train de quitter leur abri, les yeux fixés sur nous. Un éclat de lumière m'éblouit : une des fenêtres d'en face réfléchissait le soleil. Deux voitures de police freinèrent brutalement devant la baie vitrée, évitant la collision à un cheveu. La secousse repoussa les passagers sur leur siège puis ils en sortirent en échangeant quelques mots peu aimables. Nous avions du mal à les voir autrement que comme un spectacle lointain. Seules les traces de ce qui s'était passé dans la salle absorbaient notre attention.

Le « Marocain » était couché sur le sol, la poitrine couverte d'une large tache rouge. Son arme avait disparu. La vitrine réfrigérée envoyait des volutes de vapeur glacée à travers ses parois brisées. Le sang du Russe noircissait sur le métal et le plastique, sur les gâteaux éclaboussés. Une épouvantable odeur de brûlé s'échappait de la cuisine, et bientôt une fumée noire envahit le plafond et jeta ses tentacules piquants vers nos yeux. Maman m'entraîna en direction de la porte de sortie, au moment où deux gardiens de la paix l'ouvraient. Je jetai un dernier regard derrière nous. Les tirs avaient épargné Cyd Charisse dont la jambe sublime continuait à pointer sur le mur, mais ils avaient décapité Gene Kelly. J'aperçus sa tête qui avait roulé sous une table. Le choc avait arraché son sourire.

Papa fut brillant. Il réussit, à l'hôpital, à nous retrouver, faisant jouer son statut d'infirmier. Constatant que nous désirions faire notre déposition et rentrer à la maison au plus vite, il convainquit l'équipe de nous « relâcher » après un bref examen. À part maman qui avait un énorme hématome à la hanche, nous étions indemnes. En revanche, pendant qu'on nous conduisait au commissariat, il insista pour que nous fassions un debriefing, deux jours plus tard, avec une psychologue. Il en connaissait une, excellente, dans son hôpital : le Dr Châtaigne. Maman et moi fûmes prises de fou rire, et papa ne protesta même pas, soulagé de nous voir encore capables de rire.

Quand nous arrivâmes au commissariat central, nous eûmes une preuve supplémentaire de la haine que les architectes vouent aux policiers. On voit bien qu'au moment de dessiner des locaux pour la police, au mieux, ils font le minimum syndical, au pire, ils s'acharnent sur leurs plans, cherchant à produire un chef-d'œuvre de hideur. Ce commissariat, massif et court sur pattes, se caractérisait par un béton baveux, des fenêtres taillées comme des meurtrières, des grilles d'aération et des cheminées noircies, des vitres grisâtres. L'intérieur était à l'avenant : bureaux étriqués comme des placards, plafonds bas qui obligeaient les plus grands à rentrer la tête dans les épaules, néons blafards. Le petit plus : une moquette couleur sauce armoricaine, granitée marron. Près des distributeurs de boissons chaudes, les poils de moquette fonçaient en grosses auréoles. Les prises électriques étaient si énormes et si visibles qu'à défaut de pouvoir sauter par la fenêtre, un suspect déprimé pouvait toujours tenter de s'électrocuter. Un policier aussi d'ailleurs. On voyait bien, à leur manière de tapisser les murs avec tout ce qui leur tombait sous la main, cartes postales, photos de famille ou de vacances, posters de foot ou d'alpinisme, Déclaration des droits de l'homme, que tout était bon pour se créer un paysage artificiel.

C'est dans un tel couloir, puis dans de tels bureaux que nous passâmes plusieurs heures. Déposition, portrait-robot, prises d'empreintes digitales, reconnaissances de visages sur des photos. Maman et moi reconnûmes un cliché du « Marocain », en fait un Français du nom de Paul Bachir Hachim. Il avait trente et un ans. D'après ce que nous comprîmes, il n'était connu que pour des petits délits. Maman ne comprenait pas pourquoi il était mort. Elle était certaine, moi également, que le Russe n'avait pas répliqué aux coups de feu. La seule conclusion logique était qu'il avait été abattu par son complice.

– Mais pourquoi ? demanda naïvement maman.

Pour moi, c'était une évidence. Le Marocain avait été embarqué dans cette affaire comme Abdel l'aurait été. Appâté par des promesses de yacht + soleil + piscine + girls-en-bikini dans un paradis fiscal. Mais il n'était qu'un « prolo des escrocs », comme disait Abdel. Destiné à avoir le mauvais rôle. Ses complices s'étaient sans doute dit que leur rémunération n'avait pas à être partagée avec ce looser. Ils s'étaient accordé une petite augmentation en le tuant.

Le policier qui prenait notre déposition ne fit aucun commentaire quand j'expliquai tout ça à maman. Il se contenta de me glisser un petit coup d'œil curieux. Le lieutenant Favard était grand, roux avec de nombreuses taches de rousseur sur les joues et sur les bras. À côté de son bureau étaient punaisées des photos de rugbymen. Il suçait des pastilles sans sucre.

De mon côté, je me retenais de poser la question qui me préoccupait. Depuis que nous étions sorties du Muffin Palace, un détail me turlupinait, et de plus en plus. Je me souvenais de cet éclat de lumière qui m'avait éblouie après la fusillade. Celui qui provenait de l'immeuble d'en face, celui du PMU. J'avais pensé que le soleil s'était réfléchi sur la fenêtre. Mais lorsque j'y repensai, une chose me parut ne pas coller. L'éclat avait duré une seconde avant de disparaître. Or je n'avais pas bougé, le soleil non plus probablement. *Ni la fenêtre.*

Je continue mon raisonnement : elle était fermée, cette fenêtre. Voilée par un rideau en dentelle. Et apparemment rien n'avait bougé, donc l'éclat aurait dû se maintenir. Mais il s'était éteint. La seule explication était que quelque chose avait bougé derrière le rideau. Un objet susceptible de faire miroir. Bien sûr, beaucoup d'objets peuvent faire miroir. Et on pouvait imaginer qu'un des occupants de l'appartement, par exemple la mère de famille malienne, ait été en possession d'un tel objet et se fût approché de la fenêtre, la curiosité attisée par les coups de feu. Il aurait tenu à la main, je ne sais pas, une louche ? ou un télescope ?

Pourtant, quelque chose me disait que ce n'était pas ça. J'avais une autre hypothèse : l'objet qui avait bougé et créé ce reflet était l'objectif d'un appareil photo. Et, si je devais avouer sans délai jusqu'où allait ma pensée, j'aurais ajouté : un appareil photo tenu par un policier. Car qui aurait voulu photographier le Muffin Palace à cet instant précis de la fusillade ?

C'est pourquoi je demandai négligemment au lieutenant Favard :

– Je n'ai pas compris pourquoi ils ne sont pas intervenus tout de suite, vos collègues.

– Quels collègues ?

– Ben, ceux qui étaient en planque en face, dans l'immeuble du PMU ! Ils auraient pu se bouger un peu plus, vous ne croyez pas ?

Maman me regarda en louchant de surprise. Le lieutenant aussi, puis, d'un geste rapide, il décrocha son téléphone, appuya sur une touche, une seule, et dit : « Tu peux venir ? Oui, tout de suite ! »

On peut dire que j'avais créé un effet de surprise. Un intense effet de surprise. Comme on dit : un coup de théâtre. Moi, je sais voir une situation sous plusieurs angles et imaginer qu'elle est tout à fait différente qu'elle n'a paru. Abdel m'avait appris cela aussi.

Il y avait toujours eu un certain flou sur les raisons qui avaient mené Abdel à quitter l'Algérie. « Pas d'avenir, pas de travail pour les jeunes là-bas », c'est ce qu'il nous avait dit, c'était une explication classique mais qui, dans sa bouche, ne suffisait pas. D'ailleurs quel avenir, quel travail avait-il trouvés chez nous ? Et il n'était pas reparti… « Plus de famille, plus d'attache, ma vie est en France. » Mais il n'avait pas plus de famille en France qu'en Algérie.

Nous avions un bout d'explication, quand même, en creux : sa manière de parler de la France. Car, à certains égards, il n'y a pas plus français qu'Abdel. C'est simple : s'il pouvait dormir emmitouflé dans un drapeau tricolore, il le ferait. La France, la France, la France… La France est belle, la France terre des droits de l'homme, la France et sa littérature, la France pays de la liberté, etc. Selon Abdel, sans exagération, il y a deux types d'humains : les Français et les « dégénérés ». Ça paraît un peu excessif, mais je caricature à peine. Quand il voit les autocollants de l'extrême droite dans la rue, *La France, aimez-la ou quittez-la*, Abdel ne se sent pas visé. S'il était français, il serait sans doute favorable à l'expulsion des sans-papiers et à l'examen obligatoire pour l'obtention de la nationalité française.

Et puis, l'autre versant de son amour de la France est le versant algérien. Il ne m'en a jamais parlé directement. Mais je me souviens d'une fois où je séchais sur un poème de Baudelaire.

« Homme libre, toujours tu chériras la mer/ La mer est ton miroir, tu contemples ton âme/ dans le déroulement infini de sa lame/Et ton esprit n'est pas un gouffre moins amer… »

Il fallait compter les pieds, analyser les rimes et trouver des choses à dire… Compter les pieds, douze, bon, les rimes embrassées, OK, mais trouver des choses à dire… Qu'on devient pensif devant l'immensité de la mer, que sur la mer il y a de la place, qu'on peut y trouver la solitude, ça y est, j'avais tout dit ! Pourquoi il fallait faire quatre pages de plus de commentaires ?

Abdel ne partageait pas mon avis. Il aime Baudelaire, même s'il préfère Victor Hugo dont il a lu tous les poèmes, ce qui n'est pas peu dire. Il posa son thé, s'assit à côté de moi, à la table de la salle à manger. Il essaya de m'expliquer :

– Imagine que tu es une jeune Algérienne. Tu habites à Alger avec ta famille. Vous êtes six à vivre dans quarante mètres carrés. Tu voudrais continuer tes études après le bac mais ton père veut que tu prennes un travail de serveuse à la pizzéria de ton oncle et que tu te maries vite. Il a peur que tu ne sois pas sage et que tu sombres dans la « décadence ». D'ailleurs, il a surpris ton frère aîné en train de fumer une *zetla*. Tu n'es amoureuse de personne, mais tu aimerais l'être. Tu as envie de sortir sans demander la permission, tu as envie de marcher dans la rue sans qu'on te balance des obscénités au passage, tu as envie de choisir ta vie, tu as envie de danser… Tu es sur le front de mer, tu tournes le dos à la ville. Devant toi, il y a la Méditerranée. À l'horizon, il y a la France. Là-bas, les filles sont aussi libres que des garçons. Si tu pouvais gagner assez pour payer une *tchippa* à des marins, ton passage clandestin vers la France… Mais comment ? C'est impossible. Tu es cette fille et tu récites le poème de Baudelaire… »

Je laissai le livre ouvert et je fermai les yeux. Je rêvais d'ailleurs, je rêvais de l'autre rive, de traverser les eaux. « Homme libre… » Bon, disons : « Femme libre, toujours tu chériras la mer/La mer est ton miroir… » Le pire, c'est que ça marchait. J'écrivis cinq pages.

Abdel est très féministe. Et très soucieux de la liberté de chacun. Quand il parle de l'Algérie, on sent tout de suite une peur de l'enfermement, de la pression sociale. Certes, il vit mal en France, mais il s'y sent libre. Je trouve étrange de vouloir cette liberté à un tel prix, même si je comprends.

Ou plutôt je croyais comprendre.

Car, il y a un an, donc nettement avant cet anniversaire, disons, agité, au Muffin Palace, et avant même l'affaire de l'escroquerie aux chéquiers et ses tristes conséquences, il y eut un séisme dans notre histoire avec Abdel.

J'étais à la maison, quand le téléphone sonna.

– Madame Goldman ? demanda une femme avec un fort accent maghrébin.

Je me dis que c'était encore quelqu'un qui avait besoin de papiers.

– Non, je suis Alice. Sa fille. Maman est à la bibliothèque. Elle sera là à partir de 17 heures.

– Je suis Leila. La sœur d'Abdellack Zenati.

Je restai sans voix au moins cinq secondes. Selon lui, Abdel n'avait plus un seul parent en Algérie.

J'aurais dû raccrocher, laisser maman régler le truc avec cette femme mais la curiosité fut trop forte, ou l'instinct, ou mon besoin de vérité, je rayerai les mentions inutiles plus tard. Je restai dix minutes de plus au téléphone. C'est ainsi que j'appris qu'Abdel avait non seulement une sœur, mais deux, et deux frères, une mère et un père bien vivants, des neveux, et une tripotée de cousins, en Algérie. Qu'il n'avait pas donné signe de vie à sa famille depuis huit ans (date qui correspondait au moment où il avait perdu son travail au restaurant mexicain). Là-bas, on n'avait aucune idée de ce qu'il était devenu. Sa mère pleurait tous les jours, disait Leila, en pensant à lui, se demandant s'il était toujours en vie, s'il était enterré, en prison ou parti en Amérique. Son père était même venu à Paris, un an plus tôt, alors qu'il était vieux et en mauvaise santé, pour essayer de le retrouver. Finalement, c'était un ami d'un ami au consulat qui avait remarqué la demande de renouvellement de passeport (Abdel s'était encore fait voler ses papiers dans la rue) et qui leur avait transmis les coordonnées de maman…

Ma mère arriva entre-temps.

Je lui passai vite le combiné.

Elle écouta. Son visage se figea. Elle était sous le choc et un peu émue. D'ailleurs, elle s'assit sur le tabouret où d'habitude elle posait son sac à main.

Elle entendit les mêmes explications que je venais d'avoir et convint d'un rendez-vous téléphonique le soir même avec la mère d'Abdel, Ilma. Je l'entendis préciser qu'elle n'était pas la femme d'Abdel et que je n'étais pas leur fille.

Puis elle raccrocha et resta silencieuse en enlevant son manteau.

Dans ma chambre, je ruminais. Je ne pouvais pas y croire ! Qu'il raconte des craques sur son boulot, son fric, ses « copains », ça faisait partie du jeu de la rue, mais qu'il nous raconte que toute sa famille était morte, alors que là-bas des gens l'aimaient, attendaient des nouvelles de lui chaque jour ! Il nous avait dit cent fois que nous étions « sa seule famille », ce qui d'ailleurs ne plaisait pas à maman, qui estimait qu'on ne s'agglomérait pas à notre famille comme ça. J'imaginais son père errant dans Paris, cette ville immense, dans l'espoir que le hasard mettrait son enfant sur sa route. J'imaginais les mouchoirs où sa mère avait essuyé ses yeux.

Il nous avait menti, menti, re-menti et pas qu'un peu, peut-être sur la seule chose qui avait du sens et qu'il aurait dû préserver dans sa totale vérité. Il aurait au moins pu ne rien dire. Je me sentis blessée. Déçue. Malheureuse, même. Le pire, c'était que je ne pouvais même pas le lui balancer à la gueule. Il était dans la rue, on ne savait où, il ne réapparaîtrait que lorsqu'il en aurait décidé ainsi (quand il aurait besoin de dix euros sans doute, ou d'un paquet de cigarettes à l'asile). Que je lui dise qu'il n'était qu'un lâche, une larve, qui ne faisait que survivre aux dépens des autres. Bon Dieu, c'était à sa portée, ça : appeler sa famille une fois par mois !

Le soir, en pyjama, je m'assis, l'air de rien, près du téléphone. Quand il sonna, je vis maman débouler en robe de chambre rose. Elle eut un soupir d'appréhension :

– Bonjour... Oui, oui, bonjour madame... Oui, je suis une amie d'Abdel. En fait, je l'aide dans ses démarches administratives... Oui, il va bien... Non, il n'est pas malade... Il travaille ? Oui, disons, à droite, à gauche...

À droite, à gauche ? Elle devrait dire « de loin en loin ». Mais ce n'était pas le moment de rire. J'entendis un peu ce qui résonnait dans l'écouteur. C'était une succession de pleurs et de bénédictions à faire plier une bonne sœur. Devant le chagrin de sa mère, j'eus un moment de haine pour Abdel.

– Pas un seul coup de fil en huit ans ! cria sa mère.

– Je comprends, dit la mienne. Je ne sais pas pourquoi il a fait ça.

Moi aussi, je me demandais.

On revint à des questions plus bateau. Où il habite ? « Chez un ami », dit prudemment ma mère. La maman d'Abdel chargea maman de passer plein de messages à son fils. Ses sœurs étaient mariées, l'aînée avait un petit garçon qui souffrait d'une malformation cardiaque. La seconde avait déjà deux fillettes. Son frère était notaire. Ça allait pour lui. L'autre était taxi (je vis maman qui notait tout ça en catastrophe au dos de mon bulletin de notes de l'école qu'elle confondait avec un papier volant)... Le plus jeune était technicien à la radio. Son père avait des gros problèmes de santé, mais il était soigné. C'était surtout le petit avec la malformation cardiaque qui l'inquiétait. Ils viendraient peut-être en France pour le soigner.

La famille d'Abdel voulait bien savoir s'il vivait avec une femme, s'il avait des enfants, ce qu'il faisait comme travail. Je sentis que maman était gênée. Elle répondit en restant la plus évasive possible. Mais comment résister à la pression de gens qui attendent des nouvelles d'un fils depuis tant d'années ? À la fin, elle leur donna le numéro d'une bénévole dans une association qui logeait des SDF dans des hôtels. Elle était en contact plus régulier avec lui.

Je sus que C'ÉTAIT UNE GROSSE ERREUR.

Abdel ne nous avait jamais parlé de sa famille. Enfin, si, pour dire qu'elle était morte et enterrée, tout entière, sans survivant. Et maman leur balançait le numéro qu'il avait mis deux ans à nous confier...

Cela dit, maman n'avait pas pitié. Elle était dans une colère noire. Heureusement pour lui, Abdel ne donna pas signe de vie pendant deux semaines, ce qui lui épargna sans doute de se faire crever les yeux, ou arracher la langue, ou couper les mains, voire les trois.

Quand Abdel réapparut, il était dans un état de nerfs épouvantable.

Il avait eu sa mère au téléphone, comme ça, d'un coup, sans avoir eu le temps de se préparer. Après huit ans de silence. Il avait raccroché immédiatement.

Il avait l'air d'un homme acculé.

Il nous écrasa d'injonctions : on ne devait pas dire qu'il vivait dans la rue, on ne devait pas dire qu'il ne travaillait pas, on ne devait pas dire qu'il était malade, on ne devait pas dire qu'il était toxicomane – d'ailleurs ce n'était pas vrai (bien qu'il fît usage d'une multitude de produits classés comme drogues, Abdel ne supportait pas qu'on puisse le désigner comme toxico) –, on ne devait surtout pas dire qu'il avait fait de la prison. En fait, on ne devait rien dire. Tout juste pouvait-on avouer « ses problèmes administratifs ».

Il ne pouvait pas affronter leur déception.

Il avait quitté l'Algérie avec des rêves de réussite. Il aurait bien gagné sa vie, il aurait envoyé à sa famille de l'argent et des photos de sa maison. En dix ans, il était passé de commis de cuisine, à drogué, taulard, clochard, malade mental, il m'en manque peut-être un ou deux encore.

Le miroir que lui tendaient les yeux de sa mère lui était insupportable.

Elle l'avait connu jeune et en bonne santé, plein d'ambition et fier de son intelligence. Quel fils était-il devenu ?

Les appels d'Alger devinrent réguliers. Abdel refusant absolument de leur parler, la mère, le père ou la sœur d'Abdel appelaient maman pour prendre de ses nouvelles. Elle, n'ayant aucune compétence en matière de mensonge, restait floue, très floue. Globalement, elle se contentait de leur faire savoir qu'il était encore en vie, encore sans papiers, et encore à peu près en bonne santé, dernier point qui restait à discuter, mais comme elle ne pouvait rien dire… En revanche, elle parlait avec eux de leur vie en Algérie.

Le petit garçon à la malformation cardiaque mourut. Ses parents n'avaient pu ni le faire soigner là-bas ni le faire venir en France pour qu'il le soit. Maman en fut très malheureuse pour eux. La sœur d'Abdel, Jamila, avec laquelle ma mère s'entendait bien, s'inquiétait pour « son petit frère », pas Abdel, Tarik, celui qui était taxi. Il s'avérait que ce dernier parlait mal à ses parents, leur piquait de l'argent parfois, buvait beaucoup… Il avait eu un accident avec le taxi et c'est avec sa maigre retraite que le père d'Abdel avait dû payer les réparations. Le frère aîné, le notaire, ne faisait pas de vagues, lui, et il était prospère. Il possédait deux maisons, dont une avec piscine. Cependant, il visitait ses parents le moins possible, sa femme s'entendant peu avec sa belle-famille. Les sœurs, elles, habitaient près de chez eux et passaient presque tous les jours. Il faut dire que les parents commençaient à être âgés, et qu'ils avaient besoin d'aide.

Dans cette déclaration accompagnée d'un soupir, s'entendait aussi qu'un troisième fils était parti bien loin, et n'aidait à rien, d'aucune façon, sans compter la tristesse qu'il avait fait tomber sur son père et sa mère. Que dire ? C'était vrai.

Ainsi, même si maman ne disait rien ou presque sur Abdel, un lien se tissa entre elle et la famille d'Alger, un lien étrange où le malentendu et la dissimulation avaient leur part, mais l'affection et la pitié aussi. Tous les appels finissaient en souhaits de bonheur réciproques. On échangea des photos…

Ainsi Abdel m'avait appris qu'on ne pouvait tenir une chose pour certaine que si on l'avait soigneusement vérifiée. J'avais vécu des années dans l'illusion qu'il était un homme seul et sans attaches, pour découvrir que l'organigramme de sa famille était presque aussi fourni que celui d'EDF.

Cette révélation avait profondément transformé ma perception d'Abdel et de son histoire.

Je m'étais surtout rendu compte qu'on peut avoir une perception totalement faussée de son environnement, sans que cette erreur soit fondée sur plus d'un ou deux petits détails – Abdel n'avait pas rassemblé tous ses talents de comédien pour enterrer sa famille, il s'était contenté d'une ou deux phrases bien placées. Depuis, j'étais infiniment plus capable de prendre une information avec précaution.

Par exemple, c'est après l'appel de la sœur d'Abdel que j'avais compris que Germaine ne s'appelait pas vraiment Germaine et que son accent à couper au couteau n'était pas le résultat d'une paralysie partielle de la langue ; que si nous n'allions jamais à EuroDisney, ce n'était pas parce qu'il y avait encore grève au parc mais que papa y avait mis son veto pour des raisons politiques ou sanitaires (et donc, je pus faire sauter le veto en question) ; que, lorsque papa disait à maman « M. Masson est parti au rez-de-chaussée », c'était un code pour dire que son patient, M. Masson, était mort (j'avais vérifié, la morgue de son hôpital est au rez-de-chaussée) ! Plus que tout, j'ai appris que lorsqu'une pièce ne rentre pas dans un puzzle, il faut redéfaire le puzzle jusqu'à avoir trouvé la source de l'erreur, cet endroit qu'on croyait ainsi, et qui en fait est tout à fait autre.

Comme l'éclat de lumière qui apparaît et disparaît dans un paysage immobile.

Comme la thèse du méchant trafiquant d'armes tué par des gangsters concurrents.

L'homme qu'avait appelé le lieutenant Favard était plus que lieutenant. Commissaire, aurais-je dit. Il apparut brusquement devant maman et moi, ses chaussures fatiguées tranchant singulièrement avec la moquette sauce armoricaine granitée marron. Il frisait la soixantaine, son ventre rebondi remplissant sa chemise au point de tirer sur les boutons, mais les jambes fines cachées par un pantalon trop large. Sa cravate était de travers, ses cheveux aussi. Cette apparence peu gracieuse ne cachait cependant pas son regard fin et aiguisé.

– Qu'est-ce qui se passe ?

– La petite dit qu'elle a vu des collègues en face du Muffin Palace pendant la fusillade.

Ma mère, qui avait commencé à méditer mes paroles, s'assombrissait de seconde en seconde.

– Ce serait un comble ! s'écria-t-elle.

– Tout doux. Ne nous emballons pas. Qu'est-ce que tu as vu exactement ? demanda le commissaire pendant que le lieutenant le laissait reprendre les choses en main.

Il essayait de rester calme mais je voyais bien qu'il était pendu à mes lèvres. Et moi, je réfléchissais très vite, très vite. Parce que si j'énonçais un franc mensonge, je faussais une enquête criminelle ; mais si je disais la vérité (j'avais été éblouie pendant deux secondes), j'allais me faire appeler Julie – sans compter la perte d'impact pour *mon* enquête.

– J'ai vu l'objectif d'un appareil photo à la fenêtre du premier étage. Vous savez, au-dessus du Rosa-Luxembourg. Dans un appartement des Maliens.

Il me regarda intensément. Intensément. Je sus que j'avais bien dosé le mensonge. Parce qu'il n'y avait pas d'explication très satisfaisante à la présence d'un objectif, comme par hasard, au moment du meurtre, juste là où la prise de vue était la plus pratique. Mais que l'élément était suffisamment anodin pour que cette révélation soit niée, corrigée, amoindrie sans encombre par lui.

– Donc, quand tu dis que tu as vu la police, tu n'as pas vu de policiers devant le Muffin Palace ?

– C'est juste une déduction, monsieur le commissaire. Puisque la vigie des tueurs était sur le trottoir, déguisée en SDF, ceux qui étaient au-dessus, dans l'appartement, n'étaient pas du même bord. Soit les tueurs étaient en bas, et la police en haut ; soit l'inverse. Moi, je penche pour l'hypothèse « police dans l'appartement » à cause de l'appareil photo. Pas vous ?

– Elle ne raisonne pas bête, ma fille… dit ma mère en plongeant ses yeux dans ceux du commissaire.

Ils étaient menaçants. Très menaçants, les yeux de maman. Il détourna le regard et se concentra sur moi. Il réfléchissait. Et il savait que j'avais raison. Du moins que c'était possible. Un service concurrent. Voilà ce qu'il pensait. Des collègues étaient présents et n'avaient pas jugé bon de l'informer de leur présence sur son territoire, ni avant ni après le meurtre. Ouh... Ça sentait *La Guerre des polices*, du moins à en croire la congestion grandissante du visage du commissaire.

– Tu es sûre d'avoir vu cet appareil photo ? insista-t-il, la mine sombre.

– Sûre et certaine !

Ben oui, à part que l'appareil était caché derrière les dentelles. Mais pourquoi les assommer de détails ?

Quand il sortit du bureau, le commissaire était écarlate. Il fit volte-face sur le seuil du bureau et me dit :

– Tu as eu raison de me parler de ton impression mais tu as dû te tromper...

Ma mère serra les dents. Je ne répondis pas. J'avais bien compris : il me croyait mais maintenant il s'agissait d'une affaire interne qui serait peut-être sanglante. On ne mêle pas les civils à ce genre d'histoire.

Le lieutenant Favard s'éclaircit la gorge :

– Ce n'est peut-être pas la peine de consigner

cette… impression dans le procès-verbal. On va rester sur l'essentiel…

– Peut-être, concédai-je.

– Je me demande si ça ne fait pas partie de l'essentiel, dit ma mère d'un air pensif, un air froid aussi que je ne lui connaissais pas.

Elle s'attarda sur le lieutenant :

– Comment savoir ce qui est essentiel ou non ? Imaginons, je dis ça comme ça, qu'il y ait bien eu un dispositif policier devant le Muffin. On peut tout imaginer ! On peut imaginer que les policiers présents savaient ce qui allait se passer et qu'ils ont choisi de ne pas intervenir. On peut imaginer même pire : qu'ils étaient de collusion avec les tireurs.

– Madame !

Il hésitait à se mettre en colère. Mais maman avait une arme puissante : moi et mon œil de lynx. Personnellement je ne savais pas où ma mère voulait en venir, mais je comptais bien la soutenir quoi qu'il arrive.

– Vous savez ce qui me met en colère ?

– Non, madame, répondit le lieutenant qui essayait de contenir son agacement.

– Je pense à ces pauvres Maliens.

– Les Maliens ?

– Les occupants de l'immeuble sont des sans-papiers. Je me dis que ce doit être facile de s'installer dans l'appartement de sans-papiers, en leur montrant une carte de police, pour faire sa planque. Les habitants peuvent-ils résister, donner leur avis ? Non. Ils ne peuvent même pas consentir librement. La menace n'a pas à être proférée : ils doivent ouvrir leur porte ou ils se retrouvent dans un charter.

Le lieutenant roux écarquillait les yeux.

– Je connais bien la question des sans-papiers, ajouta-t-elle.

– Oui ?

– Voulez-vous que j'aille à l'appartement discuter avec ces personnes pour savoir si elles ont été « convaincues » de prêter leur appartement à des policiers ?

De grosses gouttes de sueur apparurent sur le front du policier. Maman reprit gravement :

– Mais peut-être que ce n'est pas nécessaire… Que ce n'est pas… Comment dites-vous ? Essentiel ? Mais des papiers pour vivre, c'est essentiel.

Ça y est, le lieutenant Favard comprenait. Moi, c'était fait depuis trente secondes.

– Je comprends, je comprends, dit-il.

– Si ces personnes ont contribué d'une manière ou d'une autre au travail de la police… la police au sens large du mot… il serait juste qu'elles soient récompensées.

– Bien sûr.

– J'ai un ami qui s'occupe des Maliens qui habitent l'immeuble. Il pourrait sans doute vous donner les références de leurs dossiers à la préfecture.

– Qu'il n'hésite pas à m'appeler. Le commissaire sera ravi de rendre service.

– Bien ! (Elle se tourna vers moi.) On va prendre un rendez-vous chez l'ophtalmo. Je m'inquiète pour ta vue.

– C'est vrai. Je me sens les yeux fatigués...

Le lieutenant eut un sourire, crispé, mais un sourire.

– OK. J'imprime ce procès-verbal. Vous le signez. J'attends l'appel de votre ami. Tout roule...

Tout roula donc. Nous signâmes et quittâmes le commissariat. Avant de quitter le bureau du lieutenant, je lui confiai :

– Moi aussi, je veux devenir policière.

– Vous me semblez avoir toutes les aptitudes nécessaires, assura-t-il d'un ton légèrement réprobateur.

Le lendemain, quand nous prîmes le petit déjeuner, papa déploya *Le Parisien* sur la table. C'est ainsi que nous sûmes le nom de l'homme aux fatals muffins : Golikof. Savoir qui il était soulagea une part de notre malaise, à maman et moi, car nous ressentions une part de culpabilité d'avoir assisté à sa mort, sans pouvoir rien faire. En fait, il n'était pas certain que sa disparition fût une tragédie.

– C'est ce que s'est dit la DST, estima papa.

– C'est fini, la DST, papa. Maintenant on dit Direction centrale du renseignement intérieur.

– Comment tu sais ça ?

Maman et moi échangeâmes un regard. Nous n'étions pas encore prêtes à aborder le sujet de ma vocation.

– Je ne sais plus. J'ai dû le lire quelque part. À mon avis, c'était eux dans l'appartement.

Nous discutâmes encore un moment. Puis papa nous regarda.

– En tout cas, je vous admire. Vous avez été super courageuses.

Personnellement je me rappelais surtout avoir été terrorisée et m'être jetée sous une table. La seule héroïne était maman qui avait offert sa vie contre la mienne.

Je ne risquais pas de l'oublier. J'avais pris conscience que j'avais encore beaucoup à apprendre d'elle. De mes parents en général. Car, s'il n'était pas Schwarzenegger, j'étais persuadée que papa aurait agi comme elle dans les mêmes circonstances. J'avais un peu trop tendance à regarder mes parents de haut – heureusement que Lola ne m'a pas entendue penser ça ! – sous prétexte qu'ils seraient aussi aptes à travailler dans la police que moi à être pâtissière (j'ai même jamais réussi à casser correctement les œufs).

– Cela dit, ajouta papa d'un ton docte, j'ai pris pour vous les rendez-vous avec le Dr Châtaigne.

Et re-fou rire.

Toujours le lendemain de la fusillade, avec son merveilleux sens de l'à-propos (et alors que maman n'avait pas mis son nom sur la liste de ceux dont elle échangeait la régularisation contre notre silence), la préfecture envoya chez nous un courrier annonçant qu'après dix ans de procédure, Abdel Zenati, né le 21 septembre 1969, à Alger (Algérie), se voyait attribuer une carte de séjour de six mois.

Il était régularisé.

À l'usure.

Maman demanda à papa de remettre la lettre à Abdel. Elle ne voulait pas le voir.

Pour remuer le couteau dans la plaie, le jour même, la mère d'Abdel appela à la maison. À trois mètres du téléphone, j'entendais la voix chaleureuse d'Ilma déverser sur maman une volée de bénédictions et de remerciements :

– Ah, Irène ! Merci encore mille fois pour tout ce que tu fais pour Abdel ! Tu iras au paradis pour ça, *Inch'Allah* !

Maman pliait sous le poids, trouvait mille excuses à sa bonté, balbutia jusqu'à annoncer à Mme Zenati, que ça y était, ABDEL AVAIT SES PAPIERS.

– Ah, c'est merveilleux ! Oh, mon Dieu ! Il va pouvoir venir nous voir ! Il va pouvoir venir nous voir ! Oh mon Dieu ! C'est le plus beau jour de ma vie ! Mon fils va pouvoir nous rendre visite !

Maman pleurait. Je ne sais pas si c'était du stress rétrospectif en pensant à ce que les conneries d'Abdel auraient pu nous valoir, ou d'émotion en entendant le bonheur de cette mère privée de l'un de ses enfants pendant si longtemps. Ou peut-être pleurait-elle parce que ces retrouvailles restaient totalement hypothétiques, puisque Abdel n'avait toujours pas repris contact avec ses proches.

Après, l'appel dura encore trente minutes. Visiblement, toute la famille était dans l'appartement, père, sœurs, frères, cousins. Ils se succédèrent au téléphone, promettant à ma mère le paradis, des gâteaux, des dattes et des photos.

La même semaine, nos amis pakistanais, la famille Sharam, reçurent un coup de téléphone en provenance du Pakistan. Nawar avait été retrouvé. À son arrivée à Karachi, un fonctionnaire haut placé, proche des mouvements intégristes, l'avait fait jeter en cellule. Il lui avait fallu des mois pour faire passer le message à des amis. Maintenant ceux-ci essaient de le faire sortir de prison. Amnesty International et un collectif de réalisateurs de cinéma appuient leur démarche.

Je continuai de voir Abdel, de temps en temps, au Rosa-Luxembourg. Toujours discrètement. Maman n'ayant toujours pas cuvé sa colère.

Avec les papiers, pas mal de choses ont changé pour lui. Il a obtenu une allocation adulte handicapé pour ses problèmes de santé (il a assez souvent des visions, voyant près de lui des gens qui n'y sont pas, comme Victor Hugo, voire des animaux, surtout des chats). Il semble chercher assez activement une place dans un Centre d'aide par le travail, en restauration si possible. Avec son allocation de six cents euros, il a le sentiment de vivre comme un prince. Il sous-loue une chambre dans un appartement du 13e arrondissement. Il mange à sa faim. C'est Byzance.

Pourtant, le moral n'était pas si bon que ça. La rupture avec maman le minait. Et puis il y avait toujours cette famille qu'il refusait d'appeler.

Puis, un jour, je le vis entrer dans le café, littéralement métamorphosé. Sa silhouette voûtée s'était brusquement redressée. Un énorme poids avait glissé de ses épaules. Il avait parlé à sa mère.

Il s'assit en face de moi, un sourire ému sur les lèvres.

– J'ai appelé ma mère. Je te jure, on a beaucoup pleuré, elle et moi, puis mon père et moi. Je leur ai dit la vérité : que j'ai vécu dehors, que je me débrouillais comme je pouvais, que je n'ai jamais eu de boulot, que maintenant j'ai l'allocation parce que je suis malade. Ma mère, surtout, elle n'arrêtait pas de pleurer. Je te jure, ça m'a déchiré le cœur. C'est pour ça que je ne voulais pas les appeler. J'avais peur qu'ils aient honte de moi, qu'ils soient en colère, qu'ils me disent de revenir, et qu'ils soient très malheureux. C'est dur, de faire pleurer ses parents. Je t'assure. Je ne savais pas quoi dire. Je me sentais comme un petit enfant.

Restait en suspens la question d'un voyage à Alger, dont il ne voulait pas entendre parler. Il ne se sentait pas prêt. Les rapports d'Abdel avec sa famille m'apparaissaient plus clairement. Abdel aimait son père et sa mère, mais il craignait terriblement leur jugement et n'en supportait pas l'idée.

Et puis, finalement, il y a un mois, est survenu le genre de retournement de situation auquel Abdel nous avait habitués : il est parti à Alger.

Sous tranquillisants, tout de même, pour tenir le coup.

Dès qu'il est arrivé, il a profité de la situation : il nous a appelées de chez ses parents. Il savait que maman ne refuserait pas de lui parler devant sa famille…

Ilma n'arrêtait pas de pleurer à côté de lui. Il nous a raconté comment son père l'avait étreint pendant vingt minutes à l'aéroport, sans pouvoir le lâcher. Ils étaient heureux. Toutes ses sœurs, tous ses frères étaient également là. Ils allaient faire une virée en Kabylie.

Deux semaines plus tard, il m'appela en cachette pour dire qu'il commençait à tourner en rond, que l'Algérie, c'était vraiment chiant, que c'était bon de retrouver les siens mais qu'il était pressé de revenir à Paris.

Il a appelé hier aussi. Il était sur le point de revenir. Sa mère a expliqué à maman qu'elle confiait des gâteaux faits maison à Abdel pour qu'il nous les apporte. Qu'elle verrait, c'est les meilleurs gâteaux d'Algérie. Maman a beaucoup remercié et s'est mise à maugréer dès qu'ils ont raccroché : après l'avoir obligée à lui parler au téléphone, Abdel avait trouvé le moyen imparable de forcer sa porte.

De mon côté, la situation a également évolué. On se rappelle que papa nous avait pris des rendez-vous avec le Dr Françoise Châtaigne. Nous y étions allées à reculons, maman parce qu'elle n'avait pas envie de parler, moi parce que maman avait eu une nouvelle idée sur mon désir d'entrer dans la police : c'était une maladie mentale (quoique celle-ci ne fût pas recensée officiellement).

Le Dr Châtaigne est une dame à chignon avec de petites lunettes posées sur le bout du nez. Elle porte des tailleurs stricts. Malgré ma méfiance contre les gens de son espèce (les psys) et les circonstances prodigieusement agaçantes de mon rendez-vous (maman transforme mon entretien post-traumatique en lavage de cerveau pour que je veuille devenir astronaute ou vétérinaire, comme tout le monde), la rencontre fut très positive.

Elle reçut d'abord ma mère. Puis moi. Nous entrâmes tout de suite dans le vif du sujet. Je lui expliquai ma vocation, comment j'envisageais mon futur métier, l'idée que je me faisais de la police, nous parlâmes des questions graves comme la violence, la mort, l'injustice, l'écart entre les idéaux et la réalité, les conflits éthiques que peut générer une telle carrière. Nous abordâmes enfin des questions plus difficiles : ce qui s'était passé au Muffin Palace, la peur, ses résonances au quotidien. Je lui avouai que depuis la fusillade je me figeais dès que je voyais une Laguna grise, que je croyais voir dans la foule les silhouettes du faux SDF et du grand blond, mais aussi celles des deux morts, le Russe et le Marocain, et qu'à chaque fois j'avais un instant de panique effroyable.

Je n'avais pas parlé de ces émotions à mes parents. Je ne voulais pas donner à ma mère une opportunité supplémentaire de discourir sur le caractère forcément perturbant d'une carrière de policier. Je souffrais mais ne disais rien. Avec le médecin, je pus le faire et cela me fit du bien. Elle m'écouta, me donna quelques conseils, puis m'interrompit :

– Vous savez ce qui m'inquiète un peu chez vous ? Vous ne pensez déjà qu'à repartir vers un terrain où vous pourriez retrouver le même genre de situation. Vous n'êtes pas assez traumatisée. Soit vous avez une assise très solide, soit vous avez une prédisposition à la dépendance aux poussées d'adrénaline. Vous ne faites pas de cauchemars ? (Je répondis que non.) Je penche pour la première hypothèse. Mais vous devrez vous surveiller pour être certaine que vous ne sombrerez pas dans la seconde.

Elle avait plus qu'un pois chiche dans la tête, la Châtaigne.

Elle me raccompagna.

Nous retrouvâmes maman dans le couloir. Elle était crispée. Le Dr Châtaigne expliqua que j'étais une jeune fille très équilibrée, très réfléchie, en fait, c'est rare même de trouver une adolescente aussi bien dans sa peau. J'étais certes ébranlée par l'épisode de la fusillade mais d'une manière parfaitement normale. Elle félicita maman : elle avait dû être une mère exceptionnelle pour avoir une telle fille. Elle ajouta :

– Je crois qu'il serait sage que nous ayons une séance supplémentaire. Lundi, à 17 heures, c'est possible ?

Maman répondit que c'était un peu juste, j'avais maths de 15 h 30 à 16 h 30. Alors le Dr Châtaigne se récria :

– Oh ! Non, il y a malentendu ! C'est avec vous que je voudrais faire une séance ! Nous pourrions sans doute explorer les raisons de votre déni concernant la vocation de votre fille.

Ma mère encaissa la proposition avec une rage difficilement contenue. Nous partîmes sans qu'un nouveau rendez-vous fût pris.

J'ai appris depuis que le Dr Châtaigne est experte psychiatre auprès des tribunaux et qu'elle collabore régulièrement avec la police.

Cet épisode marqua un tournant. Maman sembla prendre conscience qu'elle réagissait d'une manière, peut-être, inappropriée. Un jour, elle entra, presque intimidée, dans ma chambre. Elle s'assit près de moi et m'expliqua qu'elle était terrifiée à l'idée qu'il m'arrive quelque chose de grave. Elle me serra dans ses bras. Je lui promis que je serais très prudente pendant les cinquante années qui viendraient, que j'enfilerais toujours mon gilet pare-balles dans les circonstances qui le demanderaient, que j'attacherais ma ceinture de sécurité pendant les poursuites, et que le cran de sécurité de mon arme de service serait toujours mis. Quelle mère, quand même ! Une semaine avant, alors qu'elle s'opposait à l'expulsion d'une Africaine séropositive, elle s'était fait tordre le poignet par un CRS.

Quant à papa, nous lui avons annoncé la nouvelle hier. Il a rendez-vous en ce moment même avec Châtaigne.

Abdel vient d'annoncer que son vol Alger-Paris a atterri. Il nous apporte les gâteaux. Il y en a plus de cinq kilos.

Derniers titres parus aux éditions Thierry Magnier

Collection « Romans »

Un cargo pour Berlin
de Fred Paronuzzi
Elle s'appelle Nour - Lumière, en arabe - et elle porte bien son nom. Quand elle succombe au charme envoûtant d'Idriss, elle ne se doute pas, alors, qu'aimer peut être une faute... Il lui faudra fuir, pourtant, devenir Youness.

Tout le monde est une idole
de Marie-Sophie Vermot
Matthias Vernier ne sera plus jamais le même. Mademoiselle Prince est morte, avec elle les 28 autres élèves de la seconde 4. Il est le seul rescapé. Oublier, refuser le chagrin, Matthias part au sud de l'Italie, chez ses grands-parents.

Coline, 17 ans, dans la rue
de Valérie Lacroix
Coline en a marre de tout. Alors elle se casse, disparaît, s'enfuit. Elle apprivoise les rues de Lyon avec son chien qui la protège, et refuse tout lien avec sa vie d'avant. Elle sait bien que cela ne durera pas mais cette « vacance » sociale lui est nécessaire.

Jean II le Bon
de Fabrice Vigne
Quatre ans après l'écriture de Jean Ier le Posthume, Arthur, Stan et Elsa feraient bien un autre roman plus conséquent mais dans la même veine, celui de Jean II le Bon. Les voilà partis pour de longues conversations où chacun défend âprement sa vision de la littérature.

Granpa'
de Christophe Léon
Depuis ses sept ans, John vit avec son grand-père et partage ses convictions. Quand il s'agit de lutter contre l'Arizona Oil Company pour préserver les terres de Granpa', John ne réfléchit pas.

Prisonniers du chaos
de Roland Godel
Maxime passe ses premières vacances sans sa famille dans une île du sud. Parti en excursion avec Maria et Ange, les enfants de sa logeuse, il se retrouve bloqué dans la montagne par une incroyable tempête. Au retour, rien ne sera plus pareil.

L'Odyssée d'Alizée
de Gisèle Pineau
Adolescente noire dans une famille blanche, Alizée a été adoptée. À treize ans, elle aimerait en savoir plus sur sa famille biologique, retourner en Haïti.

Zone tribale
de Pascale Maret
À la maison rien n'est drôle pour Souf Bédié. Dehors, le charisme de Chaka fait merveille. Défenseur d'une Nation noire, il dirige une société secrète, la Première Tribu. Dans les caves de la cité Verlaine, il prépare la révolution. Souf est sous le charme. Mais est-il vraiment prêt à commettre l'irréparable ?

J'ai quinze ans et je ne l'ai jamais fait
de Maud Lethielleux
Capucine et Martin sont dans la même classe. Elle, belle, arrogante et intelligente, obsédée à l'idée de faire l'amour pour la première fois et lui, musicien perdu dans ses rêves, s'ignorent ; mais plus pour longtemps.

Mahout
de Patrice Favaro
Un camp d'éléphants dans l'Inde d'aujourd'hui. Animaux et mahouts, leurs dresseurs, y partagent une même vie misérable. Quand Trishur, le grand éléphant mâle, fait voler en éclats ses chaînes, Sid, jeune apprenti, devine qu'il n'aura pas d'autre occasion de s'enfuir.

L'Étranger sur le sable
de Anna Mackenzie traduit de l'anglais (Nouvelle-Zélande) par Élodie Leplat
Ness vit sur une île où tout contact avec l'extérieur est interdit. Mais un jour, au bord de la mer, elle découvre un étranger gisant sur le sable. Elle décide de le cacher. C'est pour elle l'espoir d'une autre vie.

Le Survivant
de Jeffry W. Johnston traduit de l'anglais (États-Unis) par Jean Esch
Chase est l'unique survivant de l'accident de voiture qui a tué ses meilleurs copains. Aucun souvenir du drame, seuls des flashes surgissent. Pour comprendre, il devra plonger loin dans son inconscient.

Le Grand Joseph
de Kochka
Joumana est née à Beyrouth, sa mère a épousé un Français. La vie pourrait couler ainsi, douce et joyeuse, mais la guerre civile éclate au Liban. Joumana et sa mère se réfugient à Paris.

Petite Audrey
de Ruth White traduit de l'anglais (États-Unis) par Valérie Dayre
Après la mystérieuse disparition de sa mère, Woodrow part vivre

chez ses grands-parents, près de sa cousine Gypsy. Ensemble, ils vont découvrir des secrets de famille bien gardés.

Le Fils de Belle Prater
de Ruth White traduit de l'anglais (États-Unis) par Geneviève Thomas
À la fin des années 1940, la vie n'est pas facile dans la cité minière de Jewell Valley : l'argent manque, la faim est omniprésente. Audrey doit faire face en tant qu'aînée. Mais la vie réserve des surprises...

Silence, on irradie
de Christophe Léon
Un village à l'abri d'une centrale nucléaire. Un jour, une explosion pétrifie tout. Trois enfants survivent et se terrent pour de mauvaises raisons. Ils restent au village, seuls.

Héro, mon amour
de Anna Onichimowska traduit du polonais par Margot Carlier et Lydia Waleryszak
En apparence, une famille aisée très heureuse. Mais tous cachent des secrets pour préserver une fausse sérénité. Chacun a besoin de sa « petite drogue » pour mieux fonctionner, être à la hauteur.

Mauvais plan
de Dana Reinhardt traduit de l'anglais (États-Unis) par Dominique Piat
Enna, Anna et Mariah ont très envie de passer une soirée chez un copain plus âgé mais elles savent que leurs parents refuseront. Alors elles inventent un mensonge énorme dont les conséquences les dépasseront complètement.

Contredanse
de Chiara Simonetti traduit de l'italien par Marguerite Pozzoli
Mariolina ne danse pas pour se distraire mais pour devenir une danseuse étoile. « Madame », leur professeur, est intransigeante et n'hésite pas à humilier ses élèves. Une dernière provocation de sa part et Mariolina ne se maîtrise plus.

Le Monde de Lenny
de Kate Banks traduit de l'anglais (États-Unis) par Valérie Dayre
Lenny dit toujours ce qui lui passe par la tête, exaspérant ses professeurs. Sa mère pose pour des publicités et doit constamment porter des gants. Est-ce parce qu'il ne connaît pas la douceur de ses mains que Lenny doit aller voir Muriel ?

Pirate des Garages-Vides Rapport
de Corinne Lovera Vitali
Le rapport, c'est Jim qui l'écrit, pour le juge. Sa mère, Jean-François, l'instit, l'assistante sociale, le juge, tous sont d'accord pour qu'il change d'air. Et lui aussi en fait. Alors il est parti à la campagne, la vraie, dans une ferme vraie aussi.

Le monde attend derrière la porte
de Pascale Maret
Sarah vit depuis toujours selon les règles de la communauté des Rigoristes. Un jour elle étouffe et remet tout en cause. Ses parents risquent la relégation, mais elle ne se résigne à rien, ne veut plus renoncer.

Les Tortues de Bolilanga
de Frank Prévot
Sur l'île indonésienne où vit Alam, la légende d'Ibou Min' lui permet de mieux accepter la mort de son petit frère. Sur l'île de Bolilanga, la mère des anges recueille les enfants morts transformés en tortues. Aussi, Alam décide de protéger ce sanctuaire de la voracité des promoteurs immobiliers.

Les Égarements de Lily
de Véronique M. Le Normand
En une seule nuit, Lily se retrouve défigurée pour plusieurs jours. Cachée chez sa tante, loin des regards, le temps s'arrête. Une semaine pleine de questions. Pourquoi elle et pourquoi maintenant ?

Le Chevalier au loup
de Viviane Moore
1198. Padrig guide les pèlerins de l'abbaye de Beauport en Bretagne jusqu'à Saint-Jacques-de-Compostelle. Son fils Armel l'accompagne pour la première fois et devra vite prendre la relève et élucider le meurtre de son père.

Un soir, j'ai divorcé de mes parents
de Rachel Hausfater
C'est décidé, il divorce... de ses parents. Pas pour tout le temps, mais un week-end sur deux, il part, seul, à l'aventure, pour se chercher et peut-être se trouver. Il va apprendre à regarder ses parents et la vie d'un autre œil.

Oasis dans le Pacifique
de Jaime Alfonso Sandoval traduit de l'espagnol (Mexique) par Alexandar Grujičić
Quelle famille ! Don Pepe Topete, le père, invente des combines les plus folles pour offrir à sa famille une vie décente. Dernière en date : émigrer dans un nouveau pays que personne ne connaît mais où la vie sera douce et facile pour tous.

Brèves rencontres avec ma mère
de Dana Reinhardt traduit de l'anglais (États-Unis) par Dominique Piat
Simone a toujours su qu'elle était une enfant adoptée. Sa rencontre avec Rivka, la femme qui l'a mise au monde, va provoquer de grandes questions d'ordre religieux et culturel.

Cascades et gaufres à gogo
de Maria Parr traduit du norvégien par Jean-Baptiste Coursaud
Trille et Léna sont les meilleurs amis du monde, rien ne saurait les séparer. Mais lorsque Léna trouve un papa et donc un mari pour sa mère, cela signifie un déménagement loin de Trille. Leur amitié tiendra-t-elle le coup ?

C'est pour toi que le rôdeur vient
de Adrienne Maria Vrettos traduit de l'anglais (États-Unis) par Pierre Charras
Dylan tient secret un don effrayant. Elle a la vision d'enfants assassinés et du lieu où ils se trouvent. La disparition de la petite sœur de son amie va l'obliger à aller au fond d'elle-même et à anticiper ses visions.

Le Jour de toutes les dernières fois
de Martha Heesen traduit du néerlandais par Emmanuèle Sandron
Boniface est un artiste sensible à l'infime. Jamais vraiment là, il passe son temps à dessiner. Ses absences répétées inquiètent sa famille mais sa dernière fugue est plus grave. Chacun va devoir affronter ses fêlures pour faire front ensemble.

Nouvelles re-vertes
Collectif
Treize auteurs nous peignent un tableau utopique, ironique, de la planète. L'homme a le choix de son avenir… Et, si le miracle n'est pas pour demain, l'humour est une constante de ces nouvelles.

La Guerre au bout du couloir
de Christophe Léon
Le mois de juin 1962 est très chaud à Oran. Maurice se retrouve seul à la maison avec son petit frère Alain. Il part chercher de l'aide mais tout a changé : leur tante n'est pas là non plus et des Algériens en armes défilent dans les rues.

Orages d'été
de Barbara Hall traduit de l'anglais (États-Unis) par Jean Esch
L'été est de plomb à la ferme cette année-là et la récolte est compromise. Dutch sent bien que cela ne durera pas. L'arrivée dans sa famille de Norma, sa cousine, va ébranler les certitudes, révéler les secrets.

Dans sa peau
de Benoît Broyard
La vie est trop moche chez lui, alors il part se réfugier dans une maison vide au plus profond de la forêt vosgienne. C'est là qu'il va tenter de se mettre dans la peau d'un autre. Mais la voix obsédante de son père ne le lâche pas.

Le Garçon qui voulait changer de nom

de Bodil Bredsdorff traduit du norvégien par Jean-Baptiste Coursaud

Dåp veut retrouver le nom que sa mère lui a donné. Dorénavant, il s'appellera Alek. Il part en bateau retrouver son grand frère Ravnar. Une nuit, il surprend des naufrageurs attirant un vaisseau sur les brisants pour en piller la cargaison.

Notre petite vie cernée de rêves

de Barbara Wersba traduit de l'anglais (États-Unis) par Jean Esch

Albert s'ennuie dans une vie banale. Orpha Woodfin, une vieille voisine semi-clocharde, va le réveiller. Auprès d'elle, Albert se prend à vivre ses rêves. Tout devient possible, il suffit d'y croire.

Tu peux pas rester là

de Jean-Paul Nozière

Mei et sa mère vivent depuis six ans à Sponge. Aucune des deux n'a de papiers français, or les gendarmes ont reçu des ordres : il faut expulser les sans-papiers de la ville. Les habitants de Sponge vont se mobiliser pour leur cause.

Une fille comme ça

de Sara Zarr traduit de l'anglais (États-Unis) par Valérie Dayre

« C'est Deanna, tu sais la fille qui... » Cette phrase, Deanna a l'impression de l'entendre chuchotée sur son passage chaque jour depuis quatre ans. Il est temps de tordre le cou aux rumeurs, de redresser la tête et de regarder le monde droit dans les yeux.

L'Île aux chats

de Kim Chungmi traduit du coréen par Yang Jung-Hee

Dans un bidonville où se réfugient les plus pauvres des pauvres, habitent Sukja et Sukhŭi, deux sœurs jumelles, et aussi les frères Tongsu et Tongjun. Lâchés par leurs parents, ils font cause commune dans la débrouille de chaque jour...

Ce qu'ils savent

de Charlie Price traduit de l'anglais (États-Unis) par Pierre Charras

Murray se réfugie souvent dans le cimetière. Il discute avec les morts. Un jour, il entend une nouvelle voix pleurer et appeler au secours. En ville, la police est sur les dents : Nikki a disparu. Comment Murray pourra-t-il faire savoir ce qu'il entend ?

L'Alibi

de Mikaël Ollivier

On m'a menti durant quinze ans. La politesse, la grammaire, le piano, la physique et le bac tout au bout pour se préparer un avenir... Foutaises ! La seule chose qu'on devrait enseigner à l'école, c'est que la vie peut basculer en un clin d'œil.

Et tu te soumettras à la loi de ton père
de Marie-Sabine Roger
Tu es mon père et je te crains. Ta religion ne sait se décliner qu'en interdits : tu ne nous élèves pas, tu nous rabaisses. La foi, entre les mains d'un homme comme toi, c'est une arme de poing. Je comprends que partir est nécessaire. Je veux vivre.

Faux raccord
de Per Nilsson traduit du suédois par Agneta Ségol
Il croise une jeune fille dans le bus et en tombe éperdument amoureux. Ils font connaissance. La séparation d'un mois pour cause de voyage aux États-Unis confortera leur amour, il en est sûr. Au retour, le malentendu éclate : grand amour pour lui, grande amitié pour elle.

Quand elle sera reine
de Rachel Hausfater
Depuis toujours Mira se nourrit de sa colère. Elle marche la tête haute. Malgré une mère trop vite envolée. Malgré l'amour qui parfois fait mal... Et, quand la guerre approche, Mira devient l'ennemie. Seule sa rage pourra la faire tenir debout.

Le Garçon qui pensait être de trop
de Bodil Bredsdorff traduit du norvégien par Jean-Baptiste Coursaud
L'hiver est rude à la baie aux Corneilles. Les réserves s'épuisent et Tink se sent de trop... L'arrivée de Burd va modifier la donne. Usé par sa vie d'alcoolique, Burd est encore un fin pêcheur. Il va initier Tink et, grâce à eux, personne n'aura faim cet hiver-là.

Collection « Nouvelles »

Quelle mouche nous pique
Hervé Giraud
Le lycée, les copains, la famille, les filles, le désir qui tourmente, la débrouille pour se faire de l'argent de poche... Douze histoires entre le regret de la grâce de l'enfance et l'impatience d'être enfin adulte.

Mad Froggy
de Vincent Crouzet
Mad Froggy est chauffeur de Rikki, l'un de ces taxis-bus qui sillonnent la ville du Cap. Français excentrique, favori des marginaux, bête noire de la police, il véhicule toutes les catégories sociales. Une folle plongée au cœur de la nouvelle Afrique du Sud.

Tailles douces
de Jean-Noël Blanc
Une histoire dont le lecteur choisit la fin, vous en avez toujours rêvé ? Jean-Noël Blanc l'a fait ! Des nouvelles avec ou sans chute, une intrigue

racontée de différents points de vue, un texte sans accent ou sans adjectif… Une foisonnante galerie d'histoires et de personnages.

Amour en cage
de Jean Molla
Il y a des moments que l'on traverse en sachant qu'on ne les oubliera jamais. En treize histoires, l'auteur nous invite à voyager vers ce qui, dans le quotidien, ne l'est justement pas.

Terrains minés
de Fred Paronuzzi
En France, en Irak ou en Afrique, par temps de paix ou de guerre, sous un régime démocratique ou dictatorial, le football est un langage universel, un passeport vers la diversité du monde.

Totale angoisse
de Brigitte Aubert
Tueur en série, évadé de prison, psychotiques livrés à eux-mêmes… Une série de récits à suspense, du thriller cent pour cent, sang pour sang.

Pas folle la guêpe
de Hervé Giraud
Il a huit ans, douze ou quinze. Il nous raconte sa famille, ses plaisirs et ses doutes, ses courages, ses lâchetés… Sa vie. Il nous révèle les trésors inépuisables du quotidien.

Demain ça ira mieux
de Jean-Paul Nozière
Il y a des jours où tout va de travers. Avec humour, suspense et tendresse, Jean-Paul Nozière dresse le portrait de ces perdants magnifiques dont la vie est soudain au-dessus de leur force. Demain, ça ira mieux ?… On peut toujours rêver.

Périgord noir
de Louis Sanders
Le Périgord… Ses forêts giboyeuses, son foie gras, ses Anglais, sa Dordogne, ses châteaux… Ses crimes. Six histoires où le crime s'invite dans la vie de tous les jours. De la littérature noire qui sait toucher au plus profond de l'âme humaine.

Le Bâtard de l'espace
de Colin Thibert
Entre clonage, trafic d'organes, divorce parents-enfants et voyages dans le temps, dix nouvelles de science-fiction pas si loin que ça de la réalité et qui, par un humour dévastateur, dressent un portrait délirant et catastrophique de notre futur proche.

La Botte secrète
d'Éric Boisset
Onze aventures toutes véridiques, onze bêtises plus grosses et plus

drôles les unes que les autres... Des nouvelles d'une grande fraîcheur qui saisissent ces rares moments de vie où seuls comptent l'instant présent et la certitude d'une éternelle jeunesse.

Noir américain
d'Armand Cabasson
Quand le rêve américain tourne au cauchemar, c'est tout le monde moderne qui vacille. En dix nouvelles à suspense, passant du pur thriller au polar psychologique, ce recueil coup de poing trace un portrait au vitriol d'une Amérique qui se perd.

Quand le sentiment...
de Hubert Ben Kemoun
Un recueil d'histoires d'amour... qui finissent mal ! Avec beaucoup d'humour et un sens aigu de l'observation, l'auteur plonge les lecteurs au plus pro-fond du ressenti amoureux, pour le meilleur, mais surtout pour le pire.

L'Écho des armes
de Yann Mens
Dans le métro, les mendiants ont des histoires qui se confondent avec l'Histoire dont on parle au JT. Tout comme celles des jeunes femmes africaines qui gardent nos enfants et dont on ne soupçonne pas le passé. Un tableau géopolitique contemporain des pays en guerre.

Le Chant des lunes
de Gudule
Les voyages forment la jeunesse, disent les vieux ! En tout cas, ils permettent de découvrir des mondes bien différents des nôtres... et parfois inquiétants. Un univers fantastique et futuriste pour dix nouvelles tour à tour drôles et cruelles.

Tirez sur l'ambulance
de Colin Thibert
Peut-on rire de tout ? Si certains hésitent encore sur la réponse à cette question, les dix nouvelles qui composent ce recueil vont leur ôter leurs derniers doutes. Toujours drôles, ces nouvelles poursuivent la grande tradition de la littérature de genre.

Des petits riens au goût de citron
de Régine Detambel
Parfois de petits moments passent comme une ombre et changent la vie durablement. Moments d'héroïsme ou de lâcheté qui, la plupart du temps, filent sans laisser de trace, mais que Régine Detambel a l'art de retenir et de rappeler à notre mémoire.

Un soir à Beyrouth
de Sélim Nassib
Le Moyen-Orient est l'une des régions du monde les plus troublées et martyrisées. Guerres, attentats, occupation, exil... Les plus grands

maux sont décrits à travers le regard de ceux qui en subissent chaque jour les conséquences mais n'en continuent pas moins leur chemin.

Par l'épée et le sabre
d'Armand Cabasson
Un monde gothique où les hommes perdent leur âme plus vite que leur vie. L'imaginaire le plus démesuré se marie avec une rigoureuse vérité historique : le Moyen Âge est dépeint avec exactitude et les traditions japonaises ou vikings si bien décrites qu'elles nous semblent nôtres.

Couper court
de Jean-Noël Blanc
Enfin la réponse à la question : « Qu'emporteriez-vous sur une île déserte ? » Couper court, sans hésiter. Car tout y est. On y rit, on y frémit, on y pleure, on y réfléchit... Ce recueil est une leçon d'écriture, et une foisonnante galerie de personnages.

La Revanche de l'ombre rouge
de Jean Molla
Un téléphone portable qui sème la mort, un livre qui contient le destin de chaque humain, un centre aéré dont tous les enfants ne reviennent pas, un adolescent au talent diabolique, un festin de vampire... Fantastique, résolument fantastique.

Faire et défaire
de Mathis
À seize ans, Thomas travaille sur des chantiers tous les samedis. Pourquoi ? Parce que son père est maçon, et que c'est l'occasion de passer du temps avec lui. Mais surtout parce que ces journées chez les autres sont autant de portes ouvertes sur le monde des adultes.

Avec la langue
d'Adam Bagdasarian
Traduit de l'américain par Rachel Hausfater
L'adolescence est parfois une vraie lutte pour la survie : parfois de grandes aventures, des drames, mais le plus souvent ces moments de vie ténus, sur l'instant, mais que pourtant jamais on n'oubliera. Comme d'embrasser pour la première fois avec la langue !

Scènes de crime
de Brigitte Aubert
Crimes et trafics, vengeance, traque, séquestrations... Onze nouvelles à cent à l'heure qui dressent les portraits grinçants d'hommes, de femmes et d'adolescents à la merci d'un monde contemporain qui part en roues libres.

CET OUVRAGE A ÉTÉ ACHEVÉ D'IMPRIMER
PAR DÉDUCTION POUR LE COMPTE
DES ÉDITIONS THIERRY MAGNIER
PAR L'IMPRIMERIE FLOCH À MAYENNE
EN DÉCEMBRE 2010
DÉPÔT LÉGAL : JANVIER 2011
N° D'IMPRESSION : 78454

Imprimé en France